Bernhard Kugler

Eine neue Handschrift der Chronik Alberts von Aachen

Bernhard Kugler

Eine neue Handschrift der Chronik Alberts von Aachen

ISBN/EAN: 9783743601628

Hergestellt in Europa, USA, Kanada, Australien, Japan

Cover: Foto ©ninafisch / pixelio.de

Manufactured and distributed by brebook publishing software
(www.brebook.com)

Bernhard Kugler

Eine neue Handschrift der Chronik Alberts von Aachen

VERZEICHNIS

DER

DOKTOREN

WELCHE

DIE PHILOSOPHISCHE FAKULTAT

DER

KÖNIGLICH WÜRTTEMBERGISCHEN EBERHARD-KARLS-UNIVERSITÄT

IN TÜBINGEN

IM DEKANATSJAHRE 1892—1893

ERNANNT HAT.

BEIGEFÜGT IST:

EINE NEUE HANDSCHRIFT DER CHRONIK ALBERT'S VON AACHEN

VON

Dr BERNHARD KUGLER

ORDENTLICHEM PROFESSOR DER GESCHICHTE.

TUBINGEN 1893.

DRUCK VON W. ARMBRUSTER & O. RIECKER.

Während des Dekanats des Professors Dr B. Keller 1892/93 hat die philosophische Fakultät unter 49 Bewerbern folgende 30 zu Doktoren ernannt:

Joseph Haug aus Wurmlingen	1892 23 April
August Kerstin aus Güterslohe	19 Mai
Max Hölbing aus Karlsruhe	19 Mai
Heinrich Geyr, Gymnasiallehrer in Düsseldorf	19 Mai
Kurt Kaser aus Stuttgart	23 Juni
Daniel Sail aus Balhorn	23 Juni
Adolf Gutwein aus Schweidnitz	30 Juni
Johannes Eitle, Seminar-Professor in Urach	30 Juni
Waldemar Stern aus Ostenfelde	21 Juli
Johannes Müller aus Königsberg	21 Juli
Sebastian Merkle, Repetent in Tübingen	21 Juli
Heinrich Schiller, Studienlehrer in Memmingen	21 Juli
Robert Liebig aus Bremen	28 Juli
Rudolf Denzel aus Plochingen	28 Juli
Wilhelm Reich aus Hannover	28 Juli
Max Christlieb, Pfarrer aus Wiblingen	4 August
Rudolf Bollmors, Reallehrer in Hamburg	4 August
Eduard Güszler, Repetent in Blaubeuren	11 August

Johannes Ziegler aus Göppingen   11 August
Siegfried Silberstein aus Gross-Lagiewnik   1 Dezember
Max Imle aus Ulm   17 Dezember
Adolf Holst aus Branderoda   1893   26 Januar
Julius Esner aus Stuttgart   2 Februar
Walter Haecker, Repetent in Schönthal   2 Februar
Johannes Denecke aus Seesen   23 Februar
Heinrich Güster aus Schelklingen   23 Februar
Johannes Reitz aus Hausen   9 März
Hermann Pinkuss aus Nikolai   9 März
Adolf Gregorius aus Lüdenscheid   9 März
Sigmund Keller aus Öhringen   11 März

Zum Ehrendoktor wurde ernannt

Gustav Bossert, Pfarrer in Nabern   1892   10 November

Die vor fünfzig Jahren verliehenen Diplome wurden erneuert

Dr Albert Vogelmann, Professor in Ellwangen   1892   5 April
Dr Otto von Klumpp, Direktor in Stuttgart   20 Juni
Dr Carl Haefner, Pfarrer in Nürtingen   28 Juli
Dr Hermann Müller, Rektor in Calw   28 Juli

REGNI·S·VI

VNDECIMO

Jn·anno·videlicet·secundo·
Postquam Sydon capta est·a Tancred[us]
Sareptā peranstō & obtinuerō·Rex Bal
dum̄ conuocata omn̄ ecclā regni uhenu

Die Initialen sind, wie im Text bemerkt, rot und schwarz, blau und grün gemalt. Die Wiedergabe beschränkt sich, um den Druck nicht zu kostspielig zu machen, auf die Hauptfarbe -- rot.

EINE NEUE HANDSCHRIFT

DER

CHRONIK ALBERT'S VON AACHEN.

Vor einiger Zeit setzte mich Herr Staatsarchivar Dr. Philippi davon in Kenntnis, dass sich im Besitze des Freiherren von dem Bussche-Hünnefeld eine wertvolle Handschrift befinde, die einen vollständigen „Albert von Aachen" zu enthalten scheine. Auf den von mir ausgesprochenen Wunsch, die Handschrift zu prüfen, schickte mir, nach erfolgter gütiger Einwilligung des Freiherren von dem Bussche Dr. Philippi dieselbe. Im Folgenden gebe ich eine Beschreibung und, soweit zur Zeit möglich, kritische Würdigung der Handschrift.

Sie bildet einen starken, mit lederüberzogenen Holzdecken gebundenen Pergamentcodex in Kleinfolio. Auf der Innenseite der vorderen Holzdecke finden sich die Worte: Liber monasterii sancti Viti in Gladbach. Auf den Rücken des Bandes ist ein kleines Papierstück geklebt mit der darauf geschriebenen Zahl 2037.

Der Codex umfasst 161 unnummerierte Blätter; doch fehlt nach dem Blatt 154 ein, wie es scheint, herausgeschnittenes Blatt, so dass der Codex ursprünglich wohl aus 162 Blättern bestanden hat. Zwischen den Blättern 143 und 144 ist ein schmaler Pergamentstreifen eingeheftet, über dessen Bedeutung unten zu reden ist.

Den Inhalt des Bandes bildet in der That die Chronik Albert's von Aachen, nur diese, sie aber auch, abgesehen von jenem einen

1 *

fehlenden Blatte, in der Vollständigkeit, die wir aus den Ausgaben des 16., 17. und 19. Jahrhunderts kennen.

Die Schrift trägt unverkennbar die Züge des 12. Jahrhunderts und ist trotz vieler Schmutzflecke und mancher Risse in den Pergamentblättern fast durchweg sehr gut erhalten, so dass sie leicht zu lesen ist und keine Zweifel übrig lässt. Reicher Farbenschmuck ziert die Handschrift, indem vornehmlich je der erste Buchstabe vom Text der zwölf Bücher der Chronik zu einem grossen, schwarz und rot, blau und auch grün gemalten, mit Arabesken und figürlichem Detail bedeckten Initial entwickelt ist. Überdies sind noch bunt ausgeführt die ersten Worte vom Text eines jeden Buches, die Nummern und Anfangsbuchstaben vom Texte jedes Kapitels nebst den Anfangsbuchstaben hervorragender Abschnitte innerhalb der Kapitel, und in den Indices der einzelnen Bücher sämtliche Kapitelnummern sowie je der erste Buchstabe von der Inhaltsangabe jeglichen Kapitels.

Der Anfangsbuchstabe des letzten, des zwölften Buches ist zu dem Initial benutzt, dessen Nachbildung das erste Blatt dieser Abhandlung schmückt. Wir sehen dort über dem *A* den heiligen Veit und zu seinen Seiten, etwas unterhalb, zwei Mönche, offenbar den Maler und den Schreiber unseres Codex. Über den Letzteren stehen einige Buchstaben und Abkürzungsstriche, die ohne Zweifel die Namen Conradus und Godefridus bedeuten. Nach dem „Liber de fundatione et abbatibus monasterii s. Viti martyris in Gladbach" [1] be-

---

1) S. A. Fahne, Die Dynasten, Freiherrn und Grafen von Bocholtz, Dritter Band: Chronik der Abtei Gladbach, S. 28 f.

fand sich um oder nach 1130 in diesem Kloster ein „frater Godefridus subdiaconus" und um oder nach 1150 ein „frater Conradus
subdiaconus". Diesen Angaben des „liber de fundatione etc." ist in-
sofern Glauben zu schenken, als z. B. auch die Todestage der Äbte
Walterus und Everwinus (17. November und 16. August), unter denen
jene fratres in's Kloster traten, richtig verzeichnet sind. Nach dem
ältesten uns erhaltenen „Necrologium Gladbacense" starb überdies in
Gladbach an einem 31. März ein Godefridus subdiaconus und zwar,
da die hierfür in Betracht kommende Handschrift vor dem Tode des
Erzbischofs Rainald von Dassel abgeschlossen zu sein scheint, vor
1167. Der Tod des Conradus subdiaconus lässt sich aus diesem necrologium nicht mit Sicherheit ersehen, weil in demselben zwar mehrere
Mönche mit Namen Konrad erwähnt sind, aber keiner derselben mit
dem Titel subdiaconus [1]. Immerhin dürften diese Bemerkungen ge-
nügen, um den Schlüssen einige Berechtigung zu geben, dass der
Schreiber und der Maler unseres Codex mit den genannten Subdia-
konen identisch gewesen sind, dass sie in den mittleren Jahrzehnten
des zwölften Jahrhunderts den Codex angefertigt haben und dass
derselbe lange Zeit in Gladbach aufbewahrt worden ist, bis er —
ungewiss wann und auf welche Weise — in andere Hände kam.

Die Individualität des Malers tritt in eigentümlichen Umrissen
hervor. Er besass ein überraschend gebildetes künstlerisches Auge
und eine sichere Hand. Die Arabesken zeigen zumeist kühnen Schwung,

---

1) S. Necrologium Gladbacense, das Verbrüderungs- und Todtenbuch der Abtei
Gladbach, von Professor Dr. Gottfried Eckertz, Aachen 1881, Seite 25 und 63 f.

das figürliche Detail eine zartere, oft sinnige Ausführung [1]). Aber nur die grossen Initialen haben den Künstler gefesselt, die Auspinselung der überzahlreichen unbedeutenderen Anfangsbuchstaben und Kapitelnummern hat ihn dagegen sichtlich gelangweilt. Hier und da freilich mag er bei dem Geschäft unterbrochen worden sein, hier und da hat er vielleicht nur eine Kleinigkeit übersehen, indessen vornehmlich hat er den mechanischen Teil seiner Aufgabe allzu sorglos behandelt. Viele Kapitelnummern und manche Anfangsbuchstaben hat er auszuführen ganz vergessen, an andern Stellen hat er dieselben Nummern zweimal hinter einander (sogenannte Doppelnummern) gesetzt und durch diese und ähnliche Fehler in die Nummerierung der Kapitel und schliesslich sogar der Bücher arge Verwirrung gebracht.

Von der Nummerierung der jüngsten Ausgabe Albert's von Aachen, der im „Recueil des historiens des croisades", weicht die Nummerierung unseres Codex in folgenden Punkten ab.

Liber I, Index: Die Inhaltsangabe von cap. V des Rec. ist im Cod. nicht nummeriert und somit noch zu cap. IV gezogen. Cap. VI—IX des Rec. gleichen in Folge davon cap. V—VIII des Cod. Im Cod. fehlt jedoch Nummer IX, so dass cap. X und die übrigen cap. bis zum Schluss in Rec. und Cod. sich wieder entsprechen.

Liber II, Index: Bis cap. XXXVI decken sich die Nummern des Rec. und des Cod. Statt Rec. XXXVII setzt der Cod. nochmals

---

1) Zu besserer Veranschaulichung des Gesagten gebe ich weiter unten noch die reizvollen Initialen, die den Anfang des zweiten und des fünften Buches schmücken.

XXXVI und zählt in Folge davon, statt der XLIII Nummern des Rec., nur XLII. — Text: Den letzten Absatz von Rec. cap. III, von den Worten „Rex Kalomannus" an, macht der Cod. zum cap. IV. Rec. cap. IV—IX entsprechen darnach Cod. cap. V—X, erste Hälfte. Aber die zweite Hälfte des letzterwähnten cap. bildet im Rec. ein selbständiges, zehntes Cap., wonach die Nummern XI—XXXI sich decken. Rec. cap. XXXII und XXXIII bezeichnet der Cod. beidemal mit XXXIII. Statt cap. XXXVIII setzt der Cod. wiederholt XXXVII und zählt in Folge davon auch im Text nur XLII cap. statt XLIII.

Liber III, Index: Die Nummern der cap. XLV—LXVI fehlen. — Text: Für Rec. cap. VI schreibt der Cod. aus Versehen XI, führt dann aber richtig mit cap. VII fort. Die zweite Hälfte von Rec. cap. LXV, von den Worten „Hoc prospero eventu" an, macht der Cod. zum cap. LXVI und zählt darnach im Text LXVII cap. statt der LXVI des Index und des Recueil.

Liber IV, Index: Rec. cap. LII und LV sind im Cod. nicht nummeriert, so dass der Cod. erst um eine, dann um zwei Nummern zurückbleibt und im ganzen statt LVI nur LIV cap. hat. — Text: Im Cod. ist Nummer XXXVII so übergangen, dass auf cap. XXXVI sogleich cap. XXXVIII folgt und das Buch statt LVI schliesslich LVII cap. zählt.

Liber VI, Index: Die Inhaltsangaben der cap. sind nicht nummeriert. — Text: Rec. cap. XVIII und XIX bezeichnet der Cod. beidemal mit XVIII. Dann aber folgt richtig cap. XX.

Liber VII, Index: Der Text der Inhaltsangaben von Rec.

cap. XXIII—XXV fehlt im Cod. Die Nummern XXIII und XXIV
sind dagegen im Cod. zu den nächstfolgenden Texten, denen von
Rec. cap. XXVI und XXVII, gesetzt. Darauf aber fehlen im Cod.
die Nummern XXV—XXVII, so dass Text und Nummer XXVIII
im Rec. und Cod. sich wieder decken. Von Rec. cap. XXXI fehlen
im Cod. sowohl die Nummer wie der Text der Inhaltsangabe. Statt
Rec. cap. XLV und XLVI setzt der Cod. beidemal XLVI. Rec.
cap. LXIII ist im Cod. nicht nummeriert, und in Folge davon zählt
der Cod., statt der LXXI cap. des Rec., nur LXX; auch ist im Cod.
zuletzt statt LXX aus Versehen L geschrieben. — Text: Für Rec.
cap. IV hat der Cod. wiederholt III, führt darnach jedoch richtig
mit V fort. Der Cod. beginnt cap. XXXV schon beim vorletzten
Abschnitt von Rec. cap. XXXIV, bei den Worten „Rex vero Damas-
cenorum", umfasst dann aber ausser diesem Rest von XXXIV auch
Rec. cap. XXXV. Für Rec. cap. XLI hat der Cod. wiederholt XL,
führt darnach jedoch richtig mit XLII fort. Den ersten Abschnitt
von Rec. cap. XLV zieht der Cod. noch zu XLIV und beginnt cap.
XLV erst mit den Worten „Interea modico intervallo". Für Rec.
cap. LXI setzt der Cod., sogleich auf Nummer LX folgend, cap. LXII.
Rec. cap. LXII fehlt im Cod., nicht der Nummer sondern dem
Inhalte nach, an dieser Stelle ganz und gar. Für Rec. cap.
LXIX setzt der Cod. wiederholt LXVIII, darnach richtig LXX.
Das fehlende cap. LXII bringt der Cod. auf dem oben erwähnten
Pergamentstreifen am Schluss von lib. X, wo es auch die älteren
Ausgaben Albert's von Aachen von Reineccius und Bongars brachten.
Das cap. ist jedoch ohne Zweifel vom Rec. an die richtige Stelle ge-

setzt und bildet somit Nummer LXII des lib. VII. Die Verfertiger unseres Cod., denen eine irreführende handschriftliche Überlieferung vorlag, sind hierbei übrigens ihrer Sache nicht sicher gewesen. Denn sie haben auf der letzten Spalte von Blatt 143 sowohl lib. X zu Ende geführt als auch lib. XI begonnen und hiernach erst den Pergamentstreifen zwischen Blatt 143 und 144 eingeschaltet; auch haben sie, während lib. X im Cod., übereinstimmend mit dem Rec., mit cap. LIX schliesst, den Inhalt des Pergamentstreifens mit der nur für die rechte Stelle im lib. VII, nicht aber für den Schluss von lib. X passenden Nummer LXII bezeichnet.

Liber VIII, Index: Die Inhaltsangaben der cap. sind nicht nummeriert. — Text: Statt Rec. cap. IX hat der Cod. wiederholt VIII und statt XIX wiederholt XVIII, lässt dann aber die richtigen Nummern X und XX folgen.

Liber IX, Index: Die Inhaltsangabe von Rec. cap. XI fehlt im Cod. In Folge davon entsprechen sich Rec. cap. XII—XXVIII und Cod. cap. XI—XXVII. Aus der zweiten Hälfte der Inhaltsangabe von Rec. cap. XXVIII, von den Worten „Rex et Patriarcha" an, macht aber der Cod. eine besondere Nummer XXVIII. In Folge davon decken sich Rec. und Cod. cap. XXIX—XXXIV. Statt Rec. cap. XXXV setzt der Cod. wiederholt cap. XXXIV. In Folge davon bleibt der Cod. um eine Nummer zurück und schliesst mit cap. LI, während der Rec. bis LII zählt. — Text: Statt Rec. cap. XXVI hat der Cod. wiederholt cap. XXV und bleibt bis cap. XXXVIII um eine Nummer zurück. Statt Rec. cap. XL hat der Cod. aber nicht XXXIX, sondern wiederholt XXXVIII und bleibt hiernach um zwei

Nummern zurück. Das vorletzte cap. trägt demgemäss im Rec. die
Nummer LI, im Cod. XLIX, das letzte im Rec. LII, im Cod. —
ganz unvermittelt — ebenfalls LII. Überdies decken sich nur die
ersten Abschnitte von Rec. cap. XLIV mit Cod. cap. XLII. Aus
dem letzten Abschnitt von Rec. cap. XLIV, von den Worten „His
itaque dispersis“ an, und aus Rec. cap. XLV setzt der Cod. sein
cap. XLIII zusammen.

Liber X, Index: Die Inhaltsangaben der cap. sind nicht nummeriert. — Text: Aus Rec. cap. V und VI macht der Cod. cap. V,
lässt dann aber cap. VII folgen. Für Rec. cap. XXVI setzt der Cod.
wiederholt XXV, dann aber XXVII.

Liber XI, Index: Die Inhaltsangaben der cap. sind nicht nummeriert. — Text: Da ungefähr auf der zweiten Zeile vom Text sowohl des cap. III wie des cap. IV die Worte „Bertrannus filius co-
mitis Reimundi“ sich finden, so begegnet dem Cod. das Versehen,
nach cap. III zwar cap. IV richtig zu beginnen, aber von den genannten Worten an cap. III zu wiederholen; doch lässt er darauf
das ganze cap. IV samt dem schon einmal geschriebenen Anfang
und unter der wiederholten Nummer IV folgen. Statt Rec. cap. XXIII
hat der Cod. cap. XX, doch giebt er vor- und nachher die richtigen
Nummern XXII und XXIV.

Liber XII, Index: Die Inhaltsangaben der cap. sind nicht
nummeriert. — Text: Statt Rec. cap. III setzt der Cod. wiederholt
cap. II und bleibt um eine Nummer zurück, bis er Nummer XIV
überspringt und bei Nummer XV mit dem Rec. sich wieder deckt.

Aus Rec. cap. XXX und XXXI macht der Cod. cap. XXX, lässt dann aber cap. XXXII folgen.

An den Schluss des neunten Buches hat der Maler die fehlerhaften Worte gesetzt: Explicit liber undecimus, und an den Anfang des zwölften Buches die ebenso falschen Worte: Incipit liber undecimus. Beidemal hat er oder irgend ein Leser des Codex den Irrtum freilich bemerkt und durch Rasuren den zur Verbesserung notwendigen Raum zu gewinnen versucht. Die zur Vollendung der Correctur unentbehrlichen Buchstaben, die mit einigen nicht wegradierten zusammen die richtigen Worte nonus und duodecimus hätten ergeben sollen, sind jedoch nicht mehr hineingemalt worden.

Auf einige, ihm besonders denkwürdig erscheinende Stellen der Chronik hat der Maler endlich auf dem Rande der Blätter durch ein NOTA und eine weitere Bemerkung, Beides in roter Farbe, aufmerksam zu machen beabsichtigt, aber mindestens die Hälfte der hierzu nötigen Schriftzeichen nicht ausgeführt. Bei lib. III, cap. 46 (Recueil pag. 370 E 1—5) und lib. V, cap. 25 (Rec. pag. 447 D 4 — E 4) findet sich je ein rotes NOTA, aber die weiteren Bemerkungen, die ohne Zweifel hinzugefügt werden sollten, fehlen. Bei lib. V, cap. 29 (Rec. pag. 450 C 4 — D 1) finden sich NOTA und die Worte „Quanta famis angustias". Bei lib. VII, cap. 27 (Rec. pag. 524 D 3 — E 3) fehlt NOTA, während die Bemerkung „Hic Boemundus capitur" ausgeführt ist.

Anders als der Maler zeigt sich der Schreiber des Codex. Er war ein sorgfältiger Mann, der von Anfang bis zu Ende mit festen, gleichmässigen Zügen Blatt um Blatt seiner sehr umfangreichen Vorlage abschrieb. Fehlerlos blieb allerdings auch er nicht. Er setzte ein und dasselbe Wort oder ihrer mehrere zweimal hinter einander und strich, wenn er seinen Irrtum bemerkte, die Verdoppelungsworte wieder aus. Er vergass einzelne Worte und fügte sie dann über der Zeile, unter der Zeile oder am Rande hinzu. Er verschrieb sich auch, radierte das Irrige und schrieb das Richtige auf die Rasur; oder — in der Mehrzahl der Fälle — setzte er nur Punkte unter die falschen Buchstaben und schrieb die richtigen darüber. Aber die Gesamtsumme der Fehler ist im Verhältnis zu dem grossen Umfang des Textes doch eine bescheidene. Die gute Meinung von der Sorgfalt des Schreibers erweist sich mithin als berechtigt, und es könnte sich nur noch die Frage erheben, ob unser Schreiber oder ein späterer Leser des Codex die erwähnten Correcturen angebracht hat. Die Tinte mancher Nachträge ist auffallend schwarz, scheint also jünger zu sein. Andere Nachträge aber, in buntem Wechsel mit den dunklen, sind scheinbar mit sehr blasser Tinte geschrieben. Ebenso wechseln im ursprünglichen Text schwärzere und lichtere Stellen, und wir können hieraus keinen andern Schluss ziehen, als dass im Lauf der langen Jahrhunderte Luft und Feuchtigkeit mit dem Codex ihr unberechenbares Spiel getrieben haben.

Von orthographischen Eigentümlichkeiten unseres Schreibers ist zu beachten, dass er — erstens — verschiedene Namensformen bunt durch einander gebraucht. So Arnolfus und Arnulfus, Asca und Ascha, Balduinus, Balduvinus, Baldevinus, Baldevvinus, Baldewinus und Baldevinnus, Cuno und Cûno, Cunradus und Cûnradus, Dirachium, Dyrachium und Dyrbachium, Engilraudus (zumeist) und Engelraudus,

Heinricus (zumeist) und Henricus, Hugo und Hûgo, Jherusalem, Jhero-
solima, Hierusalem, Hirosolima und Hierosolima, Langobardi (zumeist)
und Longobardi, Ludowicus und Lûdowicus, Mahumet und Mahumeth,
Norwega und Nortwega, Ptolomaida und Ptholomayda, Roas und
Rohas, Rubertus und Rûbertus, Rotgeri und Rûtgeri, Rudolfus und
Rûdolfus, Tancradus (zumeist; nie Tancredus) und Tancbradus, Tul
(zumeist) und Tûl, Turbaisel und (zumeist) Turbaysel, Ungariorum
(zumeist; nie Ungarorum) und einmal Ungrorum, Walterus und Wal-
therus, Welfo und Welpho, Willelmus, Willehelmus und (meist) Wil-
helmus, Winemarus, Winnemarus, Winemerus und Winnemerus. Für
Haimuncorum setzt der Schreiber aber stets Hainnicorum, für Japhet
oder Japheth stets Jafeth, für Lotharingii immer Lotharingi.

Wie die obigen Beispiele Dyrachium, Ptholomayda und besonders Turbaysel zeigen, wechselt der Schreiber zwischen i und y, be-
vorzugt aber y. So verführt er auch bei Cayphas, insula Cypri,
Pysani, mons Syna, mons Syon, Sydon und Symeon.

Von weiteren orthographischen Eigentümlichkeiten ist zu erwäh-
nen, dass der schwankende Gebrauch von i und y, mit starker Be-
vorzugung des y, ausser bei den Namen auch bei vielen andern
Worten sich findet, so bei clypeus, cythara, hyrcus, ydolorum, para-
dysus, symonia. Sehr schwankend ist auch der Gebrauch von c und
t, z. B. bei relatio, intentio, tociens, tercius. Als Vorlaut fällt h
häufig weg, so bei actenus, ebdomada, ora (für hora). Nach voraus-
gehendem x pflegen h und s auszufallen, z. B. exibere, exilire, exi-
stere, expecto, exul. Für ae und oe steht immer e, ausgenommen
nur Lib. VI, Index cap. XIII (Recueil pag. 465): pervine. Für ex-

templo steht immer extimplo, für quatenus immer quatinus, ausgenommen nur Lib. XII, cap. XVIII (Recueil pag. 700 E 2). Für
caput setzt unser Schreiber meist capud, für utrinque utrimque. Er
braucht administrare für amministrare, admirari für ammirari, karitas
für caritas, crisma für chrisma, scisma für schisma. Vielfach wech-
selnd setzt er acquiescere und adquiescere, cominus und comminus,
cotidianus und cottidianus, hii und hi, hiis und his, operire und
opperire, oportunus und opportunus, reperire und repperire, pasca
und pascha, refocilati und refocillati, solempniter und sollempniter,
und dergleichen mehr.

Die Herausgeber des Recueil haben sich auf vier Handschriften
gestützt, die sie mit _A_, _B_, _C_ und _D_ bezeichnen. _A_ und _C_ erscheinen
ihnen als die wertvollsten, als „deux chefs de famille", denen sich
_B_ und _D_ dergestalt anschliessen, dass _B_ zumeist _A_ folge und _D_ mit
_C_ die nächste Verwandtschaft zeige. _D_ wiederum bilde die Vorlage
der älteren Ausgaben Albert's von Reineccius und von Bongars, die
mit _F_ und _G_ zu bezeichnen seien. Hieraus ergiebt sich die Gruppen-
bildung _A—B_ und _C—D—F—G_ und, da die Herausgeber des Recueil die Lesarten von _A_ besonders bevorzugen, die Zurückdrängung
der zweiten Gruppe, namentlich der scheinbar weit zurückstehenden
Handschrift _D_ und der von ihr abhängigen älteren Ausgaben. Der
Codex _A_ gehört auch zweifellos zu den besten, die wir besitzen, aber
das Urteil der Herausgeber des Recueil ist doch nicht genügend fun-
diert, weil sie zur Feststellung des von ihnen veröffentlichten Textes
eben nur jene vier und nicht alle bekannten Handschriften benutzt
haben. Eine sehr eigentümliche Stellung nimmt nun unser Codex

ein. Er gehört zu den ältesten Handschriften und zeigt doch die stärkste Verwandtschaft mit D. Er teilt mit D allerhand verkehrte Lesarten und jene irrige Einreihung von cap. LXII des siebenten Buchs. Er enthält aber auch nicht wenige brauchbare Varianten, die er entweder (gegenüber A, B, C und D) allein besitzt, oder die er nur mit C teilt, oder die ihm und A—B, ja, was das Auffallendste ist, ihm und A allein gemeinsam sind [1]). Er liefert hiermit den Beweis, dass man D und Alles, was mit diesem Codex zusammenhängt, nicht so weit, wie von den Herausgebern des Recueil geschehen, in den Hintergrund drängen darf, dass man überhaupt die Handschriften viel umfassender, als bisher geschehen, studieren und endlich für eine würdige, wissenschaftlich befriedigende Herausgabe Albert's von Aachen, d. h. der grossen Chronik von den Heldenthaten der Lothringer im Zeitalter des ersten Kreuzzugs Sorge tragen muss.

Die Varianten, durch welche sich unser Codex vom Text des Recueil unterscheidet, hat auf meinen Wunsch ein Zögling unserer Universität, Herr Dr. phil. Heinrich Günter, aufgezeichnet. Ich lasse dieselben unten dergestalt folgen, dass, von links nach rechts gelesen, hinter einander stehen die Seitennummern des Recueil, dessen Zeilenbestimmungen (A 1 u. s. w.) [2]), dessen Text und endlich der Text unseres Codex. In die Varianten hat Herr Günter auch die Veränderungen in der Stellung der Worte aufgenommen (z. B. peditum conglobati für conglobati peditum). Es könnte fraglich erscheinen,

---

1) Vergl. hierfür im Recueil die am Fusse der Seiten mitgeteilten Varianten.

2) Die Seiten des Recueil, auf denen die Indices librorum abgedruckt sind, haben jedoch keine Zeilenbezeichnungen. An deren Stelle treten hier die Kapitelnummern.

ob so geringfügige Dinge durch den Druck wiedergegeben werden
sollten. Da aber eine nähere Prüfung zu der Mutmassung führte,
dass einzelne dieser Veränderungen für eine künftige Bestimmung der
Filiation der Handschriften Albert's von Aachen nicht ohne Bedeutung sein könnten und da beim jetzigen Stande der Forschung eine
Auswahl zwischen möglicherweise wertvollen und möglicherweise wert-
losen Varianten dieser Art sich von selber verbot, so sind dieselben
sämtlich beibehalten worden.

Ähnlich ist mit den orthographischen Eigentümlichkeiten ver-
fahren. Das Variantenverzeichnis hätte zwar einen übergrossen und
völlig zwecklos scheinenden Umfang erhalten, wenn jeder Wechsel
bei den am häufigsten vorkommenden Namen, z. B. jedes Baldevvinus
und Balduinus, jede Vertauschung von i und y, von mm und dm,
von cq und dq und dergleichen mehr verzeichnet worden wäre. Aber
die Abweichungen von der Orthographie des Recueil sind doch bei
selteneren Namen und Wörtern immer, bei häufig vorkommenden
wenigstens in den ersten Malen oder noch öfter, wenn ein auffallender
Wechsel in den Abweichungen dies gebot, unten mitgeteilt.

Die Fehler schliesslich, die unser Schreiber sich hat zu Schulden
kommen lassen, die Verbesserungen, die er angebracht, die Nachträge,
die er eingeschaltet hat, sind ebenfalls in das Variantenverzeichnis
aufgenommen, damit der Leser den Grad des Vertrauens, mit dem
er unsern Codex behandeln möchte, selber möglichst genau feststellen
kann.

IN
CI
PIT
LI
BER.
SE
CVN
DVS.

GIT .
POST .
DISCESSV
PETRI .
HEREMITE .
EIVSQ̄
EXERCT̄
GRAVIS
SIMVM
CASV.

Et hinc modico intuallo post crude
lem strage Godescalci pbri ac ei̅ exer

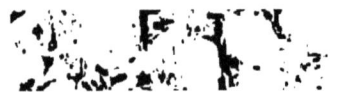

Seite	Cap.	Text der Ausgabe d. Recueil.	Text unseres Codex.
269		Index capitum libri primi.	Incipiunt capitula libri primi.
	II	in Jherusalem	in Hirosolimam
	VI	Jherusalem	Hierosolimam
	VII	tendens Jherusalem, in Ungaria vindictam sociorum fecerit	tendens Hierosolimam vindictam sociorum in Ungaria fecerit
	XIV	secundam legationem imperatoris	secundam imperatoris legationem
270	XXIV	interemptus sit	peremptus sit
	XXV	ex diversis gentibus	ex diversis regnis
	XXVII	De simili, Moguntiae	De simili strage facta Mogontie
	XXIX	turbato	disturbato
		Fehlt im Recueil.	Finiunt capitula.
271		In nomine sanctae et individuae trinitatis.	In nomine sancte et individue trinitatis.
		Incipit liber primus christianae expeditionis pro ereptione, emundatione, restitutione sanctae Hierosolymitanae ecclesiae.	In his continentur libris deflorationes christiane expeditionis pro ereptione, emundatione et restitutione Hierosolimitane civitatis.
		Capitulum primum.	Incipit liber primus Hierosolimitane expeditionis.
		De via et expeditione Jherusalem, hiis usque diebus inaudita et plurimum ammiranda [1]).	De via et expeditione Jherusalem, hiis usque diebus inaudita et plurimum admiranda.
	Zeile		
	A 1	illic orationis	orationis illic
	B 3	quomodo reliquerint patriam	Die Worte reliquerint patriam

1) Der Recueil giebt obigen Satz als Überschrift des ersten Kapitels, die jedoch im Index anders lautet. Unser Codex, der, wie erwähnt, im Text keine Kapitelüberschriften hat, beginnt mit De via schlechtweg den Text von cap. I, wobei nur zu beachten ist, dass die ganze Einleitung des Werkes von In nomine s. e. i. trinitatis bis De via et ex. Jherusalem reich gemalt ist, während die einfache Textschrift erst bei den Worten hiis usque diebus anfängt.

Seite	Zeile	Text der Ausgabe d. Recueil.	Text unseres Codex.
			sind über der Zeile nachgetragen.
	. . .	castella, urbes	urbes, castella
	C 1	praesumpsi et	et fehlt.
	. . .	Hierosolymam	Jherosolimam
272		Kapitelüberschrift wie im Index.	fehlt im Codex ebenso wie alle folgenden Kapitelüberschriften.
	A 3	Berrin	Beru
	E 1	ant inquietas	et inquietas
273	A 1	Cui Petrus	Qui Petrus
	A 3	quantis oppressionibus subjacentis	quantis subjacentis oppressionibus
	A 5	imprimis	inprimis
	B 5	orationibus et vigiliis	vigiliis et orationibus
	C 3	ab eo sumes	ab eo sumens
	D 4	miram et Deo dignam	miram et dignam Deo
	E 2	ille non recusavit	ille dare non recusavit
274	A 2	Verzellaus	Vercellaus
	. . .	. . . Alpibus, et conventum	Alpibus sed conventum
	A 4	Alvernis	Alvernas
	B 1	ordinis et gradus	ordinis ac gradus
	C 2	Henrico	Heinrico
	C 5	octavo	octava
	. . .	Senzavohir	Senzavehor
	D 3	audita et cognita	cognita et audita
	D 4	Kalomanno	Kalamanno
	D 5	Ungarorum	Ungariorum
	. . .	pacifice concessus est sibi transitus	concessus est sibi pacifice transitus
	E 3	fines regni Ungarorum	fines regni Ungrorum

— 19 —

|---|---|---|---|
275	A 2	procul Walteri	procul vvalteri [1])
	B 5	qui fraudem	qui fraudes
	D 2	in oratorium quoddam	in quoddam oratorium
	E 3	fugitivus	fugitivis
	. . .	per dies octo	per octo dies
	F 1	reconciliatione	reconciliciatione
	F 3	Andronopolim	Andronopolym
	G 2	quatcuns	quatinus
	G 4	inchoaverat	inchoaverant
276	A 5	Bawarii	Baioarii
	B 2	cum omni exercitu Christiano-rum, quem	cum omni exercitu, quos; Christianorum fehlt.
	C 1	quibus exercitus indigeret	quibus indigeret exercitus
	D 4	iniisset	inisset
	D 5	Belegravae	Belagrade
	F 5	oppugnant	obpugnant
277	A 3	fugam Ungarorum	fugam adversariorum
	A 4	reperit	repperit
	A 5	caput	capud
	C 4	absorpti	absorti
	. . .	Ceciderunt illic	illic ist über der Zeile nachgetragen.
	C 5	Ungarorum	Ungariorum
	. . .	ibidem	ibi
278	B 1	Petrus vero	Petrus vere
	B 3	praedam abducens equorum	predam equorum abducens
	D 2	invecti	iniecti
	D 4	adductos	abductos
	D 5	Bulgarorum nemora	nemora Bulgarorum

1) Der Codex schreibt den dicht hinter einander mehrfach vorkommenden Namen Walter bald rvalterus, bald walterus.

3*

Seite	Zeile	Text der Ausgabe d. Recueil.	Text unseres Codex.
	E 5	tentoriis	tabernaculis
	F 1	consilio majorum	majorum consilio
	F 3	cibos emendi	emendi cibos
	G 4	elemosynarum	elemosinarum
279	A 2	habitam vespere	vespere habitam
	B 2	ducem suum	suum ducem
	B 3	homines pacificos	homines ist auf dem Rande nach- getragen.
	B 5	remunerationem	remunerationem restituentes
	D 2	vexillis hastae innexis	vexillis hastis innexis
	. . .	insequuntur	insecuntur
	E 3	equi elapsus	equi lapsus
280	B 2	amministraverint	administraverint
	B 4	praefato prato	prato prefato
	C 2	satageret	sathageret
	D 5	ad opem his contulerunt se	ad opem his se contulerunt
	E 2	schisma	scisma
	E 5	Alii vero in latere	Alio vero in latere
	F 4	non ultra potuerunt	ultra non potuerunt
	G 1	gladiis et lanceis	gladiis, lanceis
	H 1	quod actum est	quod et actum est
281	A 3	viam instabat	viam instabant
	. . .	Folcherus	Folkerus; ebenso weiterhin.
	A 4	rebelles et insensatos	insensatos et rebelles
	B 4	duo miliaria	duo miliario
	D 2	Waleramni	Waleranni
	E 3	solummodo unum perisse	unum solummodo perisse
	E 5	fugientes constiterant	constiterunt fugientes
	F 2	deserta	diserta
	H 2	Angustiato siquidem populo fame	Angustiato itaque fame populo
282	B 5	relicta vacua civitate et deserta	vacua et deserta relicta civitate

Seite	Zeile	Text der Ausgabe d. Recueil.	Text unseres Codex.
	D 5	tibi prorsus remittit	prorsus tibi remittit
	. . .	Scit enim quia	Scit enim quod
	F 2	Phinepopolim	Phynepopolim
	F 3	omnium civium Graecorum	omnium Grecorum civium
	. . .	byzantiorum	bysantiorum
283	A 3	iter maturaret	maturaret iter
	B 4	sicut fama de illo erat	sicut de illo fama erat
	. . .	introiens ad imperatorem	ad *fehlt.*
	B 5	in ipsius amore Christi	in ipsius Christi amore
	C 1	ex patria secesserit sua	ex patria sua secesserit
	C 2	in brevi pertulerit	in brevi pertulerat
	C 4	causa visendi	causa visendi; *ursprünglich* videndi, *durch Rasur in* visendi *verwandelt.*
	C 5	decreverint	decreverunt
	D 2	Qui ut elemosynam de manu ejus misericorditer accipiat precatur	Qui ut misericorditer accipiat precatur
	D 4	hac humilitate Petri	hac Petri humilitate
	F 3	Nicomediam	Nichomediam
	F 5	vini, frumenti, olei et ordei	frumenti, olei *sind über der Zeile nachgetragen.*
284	A 2	qui Petro omnique exercitui	qui Petro exercituique
	A 4	illis accresceret	illis *setzt der Schreiber aus Versehen zweimal.*
	B 2	impetu hostili	hostili impetu.
	C 1	boves, oves, hircos	boves et oves, hyrcos
	C 2	Petrus haec intuens	Petrus hec audiens
	C 5	His itaque	His ita
	D 3	conglobati peditum	peditum conglobati
	E 1	convivium fecerunt	fecerunt convivium
	E 4	cum praeda sua totiens	tociens cum preda sua

Seite	Zeile	Text der Ausgabe d. Recueil.	Text unseres Codex.
	F 3	miliariorum trium spatio	spacio trium miliariorum
	F 4	bellico fremitu	fremitu bellico
285	A 5	princeps Turcorum, audito adventu Christianorum	princeps exercitus Turcorum adventu Christianorum audito
	B 1	quindecim milia Turcorum ab omni Romania	quindecim milia ab omni Romania
	B 2	Corrizan	Corrozana
	. . .	viros belli peritissimos	viros peritissimos belli
	B 3	victoriae Theutonicorum	Theutonicorum victorie
	B 5	amplior et dolor et ira illi aucta est	amplior ira et dolor illi auctus est
	C 2	Dehinc	Dein
	F 1	qui afforis erant	qui a foris erant
286	A 2	crudelissimae necis	crudelis [sime] necis; *die Superlativ-Endung sime ist auf dem Rand nachgetragen.*
	A 3	consternata sunt dolore	consternati sunt dolore
	A 4	Hoc ergo	Hoc igitur
	A 5	operirentur	opperirentur
	B 3	Senzavohir	Senzavoir
	C 4	urbe Nicaea	urbe Nichea; Nichea *ist über der Zeile nachgetragen.*
	D 3	rursum	rursus
	E 4	Bretol et Folkerum	et *fehlt.*
287	A 2	prohibebant	prohiberent
	B 1	diluculo primo	primo diluculo
	C 4	Vix ad tria	Vix tria
	D 2	intraverat, a Nicaea urbe	*Aus Versehen hat der Schreiber die Worte* intraverat *und* urbe *je doppelt geschrieben und dann je das zweite gestrichen.*

Seite	Zeile	Text der Ausgabe d. Recueil.	Text unseres Codex.
	D 4	improvisos universos in gladii ore consumeret	improvisos in ore gladii universos consumeret
	D 5	is tumultus	tumultus is
	F 1	sine mora	fehlt.
	G 2	intuitus sine tardatione frena laxat equi	intuens frena sine tardatione laxat equi
	G 3	incomparabili	intolerabili
288	A 1	irruunt per medias acies	per medias irruunt acies
	A 2	multitudine sua	sua multitudine
	A 5	in angusta semita	in angustia semita
	B 1	angustiam per montana	angustiam et montana
	B 3	extemplo	extimplo
	C 1	sagittis transmissis	transmissis sagittis
	C 2	athletas	adletas
	C 4	Carnotensis	Cartouensis
	D 1	Waleramni	Waleranni
	E 4	Tentoria vero intrantes, quosquos repererunt	tentoria vero illorum intrantes, quosquos reppererunt
	E 5	clericos, mulieres grandaevas, monachos	clericos, monachos, mulieres grandevas
	G 3	clipeos	clypeos
289	B 3	praesidium ingressi	presidium ingressa
	E 5	fluminis Rheni	fluminis Reni
	F 3	Franciae orientalis	orientalis Francie
290	A 5	a tanto orietur exercitu	a tanto exercitu oriretur
	C 1	indisciplinata et indomita	et *ist über der Zeile nachgetragen.*
	C 4	querimonia injuriarum	injuriarum querimonia
	D 5	ad internecionem eorum	ad internitionem eorum
	. . .	insonuerunt	intonuerunt
	E 5	aggredi	agredi; *ein g ist übergeschrieben.*

Seite	Zeile	Text der Ausgabe d. Recueil.	Text unseres Codex.
	F 3	ad domnum regem	ad domnum nostrum regem
291	A 4	exhibeatis	exibeatis
	B 2	ante faciem ejus suorumque stare aut vivere poterit	aute faciem ejus suorumque vivere poterit; suorumque *ist über der Zeile nachgetragen*; stare aut *fehlt.*
	C 2	Acquieverunt	Adquieverunt
	D 2	in conclavi intulerunt	intulerunt in conclavi
	. . .	pretiosa	preciosiora
292	A 3	et crudelissimam	et crude *ist am Ende der Zeile ausgestrichen; die neue Zeile beginnt mit* et crudelissimam.
	B 2	synagogas eorum	synagogas illorum
	B 3	Hac igitur crudelitate	igitur *ist über der Zeile nachgetragen.*
	B 5	reliquerunt vivum	vivum reliquerunt
	C 3	in civitatem Moguntiae	Mogontiam
	C 5	de diversis illuc locis via regia confluentium	de diversis locis regia via illuc confluentium
	D 1	suorum confratrum	confratrum suorum
	D 5	receptam	acceptam
	E 2	tutissimo ac firmissimo	tutissimo et firmissimo
293	A 1	tot milium vires	tot milinium vires
	D 3	peditum et equitum	equitum et peditum
	E 4	ex hac parte adjacentes	ex hac parte jacentes
	E 5	Lintax flavium	fluvium Lintax
	F 1	arte aliqua	aliqua arte
	F 2	in virtute suorum	in virtute sua
	F 4	fortiter resistebant	fortiter resistentes
	. . .	intorquentes	intorquebant
	F 5	facientes	faciebant
	G 1	citra flumen	circa flumen

Seite	Zeile	Text der Ausgabe d. Recueil.	Text unseres Codex.
294	A 1	Clareboldus et Willehelmus	et *fehlt.*
	A 4	opportunitas	oportunitas
	A 5	depraedari inventa possent	inventa depredari possent
	. . .	descendentibus	descentibus,
	B 4	per nota loca . . . . tristes et dolentes	per loca nota . . . . tristes ac dolentes
	C 5	quotidianas	cottidianas
	E 1	omnis ejus comitatus	omnis comitatus ejus
	F 1	universum invasit exercitum	universum exercitum invasit
	F 2	redderentur et, quasi . . .	rodderentur ut quasi
	F 4	Ungari vero	vero *fehlt.*
	. . .	fortes athletas	athletas fortes
	F 5	cum rege e portis exsiliunt	e portis cum rege exiliunt
	G 1	persequuntur	persecuntur
295	A 5	Willehelmus	Wilhelmus
	B 5	nimiis immunditiis	nimis iumundiciis
	D 3	impletam	repletam
	D 4	Jherusalem	Hierosolimam
	E 3	idolorum	ydolorum
	F 1	hujuscemodi	hujusmodi
	F 3	quae Dominus in caput	que dominus Deus in capud.

	Cap.	Index capitum libri secundi.	Incipiunt capitula secundi.
297	II	populum Dei	populum domini
	IV	convenerit	conveniret
	VII	appellarit	appellaret
	IX	quomodo absolutis principibus regno suo consuluerit	quomodo captivis principibus absolutis regno suo consuluerit; suo con *ist auf dem Rande nachgetragen.*

4

Seite	Zeile	Text der Ausgabe d. Recueil.	Text unseres Codex.
	. . .	Emechonis	Eniehonis
	B 1	dux regni Lotharingiae	regni *fehlt.*
	B 2	Warnerus	Wernerus
	B 3	Reinhardus	Reinardus
	B 4	frater ipsius, Dodo de Cons	frater ejus, Dodo de Cons
	. . .	Henricus de Ascha	Heinricus de Asca
	C 1	Jherusalem . . . . Osterrich	in Jherusalem . . . Hosterrich
	C 3	hebdomadarum	epdomadarum
300	A 2	quam egerant	quam fecerant
	A 5	Godefridum de Ascha	Godefridum de Asca
	B 1	in legationem	in *fehlt.*
	B 3	Stabelonem	Stabellonem
	C 1	comprimores	conprimores
	. . .	Mirantur domni et principes	et *ist über der Zeile eingeschaltet.*
	C 5	Tollenburch	Tüllenburch
	D 1	Christianorum persecutoribus	persecutoribus Christianorum
	E 5	pondere et mensura	mensura et pondere
	F 2	pecora regionis nostrae	pecore regionis nostra
	F 3	civitates et castella	civitates atque castella
	F 4	rebus et vestibus	rebus ac vestibus
	F 5	intolerabiles	innumerabiles
	G 2	obsederunt Mesenburch	Meseburch obsederunt
301	B 2	domu sua	domo sua
	B 4	quia vir et princeps potens eis in terra tua	quia vir potens et princeps tua sis in terra
	C 2	ad castellum	in castellum
	E 1	diversa inter so colloquia habuerunt	diversa inter habuere colloquia; se *fehlt.*
	E 3	fidei illius	fidei ejus
	F 3	de domo et mensa Regis	de domo regis et mensa
	F 5	suorum conventum	conventum suorum
302	A 4	sibi suisque	suis sibique

4 *

Seite	Zeile	Text der Ausgabe d. Recueil.	Text unseres Codex.
	C 4	properare exercitum	exercitum properare
	D 2	Ad hanc denique	deniquo *fehlt.*
	. . .	hilarescere exercitus	exercitus hilarescere
	E 3	exhibuerit	exibuerit
	G 1	et pro salute fratrum suorum exsilio	et exilio pro salute fratrum suorum
303	A 4	et universis hospitio sedatis	et hospitio universis sedatis
	B 2	mutuarentur	mutarentur
	C 3	pertransiens, Drowa fluvium	pertransiens ad Drowa fluvium
	D 3	Malevillam	Malavillam
	D 5	innotuit quam	innotuit quoniam
	F 1	littus	litus
304	A 2	Baldewino	Baldeviuno
	C 3	emendi necessaria licentiam	necessaria *fehlt.*
	D 2 -	contingaut	contingaut: *inmitten des Wortes findet sich eine Rasur; ursprünglich* contingangant
	D 3	pervenerunt Nizh	pervenerunt Niz
	F 4	fidem et amicitiam se illi	se fidem et amicitiam illi
305	A 1	Hainaucorum	Hainaicorum.
	. . .	Ascha	Asca
	A 4	Dux vero audiens haec	hec *fehlt.*
	B 5	Unde Dux	Inde dux
	C 4	Rodulfum Peeldelau et Rotgerum, filium Dagoberti	Rüdolfum Peeldelau Rütgerum filium Dageberti
	E 1	omni armatura bellica	omni bellica armatura
	E 2	Drogo, Willelmus	Drugo, Willehelmus
306	B 2	licentiam illis interdixit.	illis *ist über der Zeile nachgetragen.*
	B 4	cum Duce ceterisque	cum duce et ceteris
	B 5	quatenus rursum per regionem et terras	quatinus rursus per regiones et terras

Seite	Zeile	Text der Ausgabe d. Recueil.	Text unseres Codex.
	C 2	emendi et vendendi	emendi vendendique
	C 3	emendi et vendendi	vendendi et emendi
	C 5	Erat enim . . . . ideoque	enim *fehlt;* deoque
	. . .	solempni	sollempni
	D 1	laudabile et bonum	bonum et laudabile
	D 4	jucunditate resederunt ante moenia urbis	jocunditate resederunt ante urbis menia
	E 3	hiemis	hyemis
	E 4	incumbebant	imminebant
	. . .	interirent	deperirent
	G 2	egregios illi direxit nuncios	egregios direxit illi nuncios
	G 3	Cononem	Cünonem
307	A 1	Ascha	Asca
	A 5	haec adinventa et vulgata sint	hec inadventa et vulgata sunt
	B 1	plurimum se de omnibus	plurimum de omnibus se
	C 3	et eum ad suam	eum *fehlt.*
	C 4	iterato accepit moleste	iterato moleste accepit
	E 5	irrecuperabile	inrecuperabile
	F 1	Constantinopolitanis	Constantinopolis
308	B 1	Baldewinus	Baldevvinus
	B 3	Baldewinus	Balduinus
	C 1	dominae et	domino ac
	C 5	universum christianae gentis comitatum. Sed Baldewinus	universum gentis christiane comitatum. Sed Baldevvinus
	D 2	ad vespere	ad vesperum
	. . .	ante moenia urbis	ante urbis menia
	D 5	plurimi hinc et hinc ceciderunt, plurimi equi	*Nach dem ersten* plurimi *findet sich ein Auslassungszeichen; die folgenden Worte bis* equi *sind unter diesem Zeichen am Rand nachgetragen.*
	E 1	Baldewinus	Balduinus

Seite	Zeile	Text der Ausgabe d. Recueil.	Text unseres Codex.
	E 4	et in bello	et *fehlt.*
	F 2	in noctis umbra	in *ist über der Zeile nachgetragen.*
	F 4	imperavit	imperat
309	*Zeile* 4 v. o.	quod terra	quoniam terra
	A 3	Censent inter nos	essent inter nos
	A 4	redeat et veniat	veniat et redeat
	C 3	tempus hiemale	tempus hyemale
	C 5	regnum illius	illius regnum
	D 5	Jherusalem	Hierosolimam
	E 4	a Duce benigne commendati	benigne a duce commendati
310	B 1	ut pacifice essent	ut pacifici essent
	B 3	Cononem . . . . Baldewinum	Cünonem . . . . Baldevvinum
	B 4	nobilissimos ac in omni . . .	nobilissimos et in omni
	B 5	direxit confidenter	confidenter direxit
	D 1	quae requireret eum aut interpellaret	que requireret aut eum interpellaret
	D 2	sed cum cetera multitudine in littore remansit	sed in littore cum multitudine remansit; cetera *fehlt.*
	E 2	ammiratus	admiratus
	F 4	sis in terra tua	tua sis in terra
311	A 4	in vassalum	in vassallum
	C 1	hebdomadas	epdomadas
	. . .	aureis bisantiis	aureis bysantiis
	D 2	esca in toto vendebatur regno	esca vendebatur in toto regno
312	A 1	Capadociae	Cappadocie
	A 5	Duci nequaquam	nequaquam duci
	B 1	penuriam venditionis	venditionis penuriam
	B 2	navigio saepius	sepius navigio
	B 5	sanctum Pascha	sanctum Pasca
	C 2	Duraz, et ceteras civitates	*Über* Duraz *steht erläuternd:* Dirachium

Seite	Zeile	Text der Ausgabe d. Recueil.	Text unseres Codex.
	E 4	cnm eo quod	cum eo eoquod
	E 5	aascnsu	consensu
313	A 1	Tancredus	Tancradus
	A 5	colloquium ejus	ejus colloquium
	B 3	affuit Flandriensis	affuit Rubertus Flandriensis
	C 5	opperti	operti
	D 1	gentilis virtus Turcorum, Imperatori	gentilis virtus imperatori; Turcorum *fehlt.*
	D 2	subjugavit dominio	suo subjugavit dominio
	D 4	affuit, quomodo	affuit, quoniam
314	A 1	dispositis	ordinatis
	A 2	paucis suae attritae multitudinis reliquiis	paucis reliquiis suae attritae multitudinis
	A 3	Dux siquidem Boemundus et Robertus	Dux siquidem et Boemundus, Rubertus
	B 1	Constantinopoli	Constantinopolim
	B 3	Robertus, Nortmannorum comes	Rubertus Normannorum comes
	D 3	unus de principibus	unus ex principibus
	E 1	portus vero seris firmissimis undique	portus vero undique seris firmissimis
	E 4	ammirantes	admirantes
	F 4	tentare ausi sunt	temptare ausi sunt
315	B 1	Siciliae	Sycilie
	B 3	Tancredus, tiro	Tancradus tyro
	B 4	avunculum suum	avunculum quidem suum
	. . .	sedere	considere
	C 1	loca regionis sibi nota	loca regionis nota sibi
	. . .	cum auxiliari	cum axiliari
	C 3	Robertus	Rubertus
	C 4	Robertus	Rubertus
	D 1	castello	castro
	D 2	Eustachius	Eustacius

Seite	Zeile	Text der Ausgabe d. Recueil.	Text unseres Codex.
	D 3	bellis invictissimo	bello invictissimo
	D 4	Hainaucorum	Hainaicorum
	E 1	Drogo de Nahella	Drůgo de N^hella
	. . .	Gerardus . . . . Anselmus	Gerhardus . . . . Anshelmus
	E 5	Willelmus de castello Foreis	Willehelmus de Foreis castello
316	A 3	caput et primus consilio	capud et primus et consilio; *das zweite et ist radiert.*
	A 4	Hugo	Hügo
	B 1	Don Walkerus	Donwankerus
	B 5	Ruthardus, filius Godefridi	Rüthardus filius Gosfridi
	. . .	Rodulfus	Rudolfus
	C 2	Walo de Calmunt	Walo de Kalmont
	C 3	Willelmus de Montphelyr	Wilhelmus de Montpehlir
	C 4	de Bederz	de Berderz
317	A 2	Reimboldus comes de Oringis	Reimboldus comes de Oringis; *comes steht am Rand und ist mittelst Auslassungszeichen eingeschaltet.*
	A 3	Luodewicus de Monzunz	Lůdowicus de Monzons
	A 4	Muntbiliarht	Muntbiliart
	A 5	Lamtbertus . . . . Conone	Lambertus . . . . Cůnone
	B 2	de Stancis	de Stahneis
	. . .	de Tul	de Tül
	. . .	Arnulfus	Arnoldus
	C 1	servos et ancillas	et *fehlt.*
	D 4	inferentibus, ipsi quoque	inferentibus ipsique
	D 5	comes praefatus	prefatus comes
318	A 1	Constantinopoli	Constantinopolis
	A 3	belligerorum	belligeratorum
	A 5	dierum plurimorum	plurimorum dierum
	. . .	quingenta	*Im Codex steht* D^quingenta
	B 3	quadringenta	quadr^{in}agenta

— 33 —

Seite	Zeile	Text der Ausgabe d. Recueil.	Text unseres Codex.
	D 1	urbis Nicaeae	Niceo urbis
	D 3	suo in juvamine	in suo juvamine
	. . .	circumsedentibus	circumsidentibus
	E 2	per loca nota	per nota loca
319	A 5	quod universo populo salubre	quod utile et salubre universo populo
	B 1	a Solimanno se missum	se a Solimanno missum
	B 2	in die crastino	in crastino die
	C 1	sin autem quicquam	sin autem aliquid
	C 3	baptismum	baptysmum
	D 4	armis providus et apparatu	armis et apparatu providus
	E 1	Robertus	Rubertus
	E 3	subvenire	subveniret; t *ist jedoch fast ausradiert.*
	E 4	et multis muneribus honoratum et commendatum	et multis honoribus et muneribus commendatum
	F 3	episcopo Podiensi	Podiense episcopo
	F 4	pedestris comitatus	pedestris exercitus
320	B 5	in hoc praelio	hoc in prelio
	C 2	Huc in ammonitione	in *fehlt.*
	C 3	Rutgerus . . . Robertus . . . Robertus	Rutgerus . . . Rubertus . . . Rubertus
	E 5	summorum procerum	summorum principum
	F 1	capita amputata Christiani	capita Christiani amputantes
	F 3	tabernaculis	tabernaculas
321	B 3	in suo regno	suo in regno
	C 2	refocillandum	refocilandum
	C 4	restituatur	restontur
	F 3	circa ejus moenia	circa menia ejus
	G 3	muros impeteret	muros appeteret
322	A 2	sagittis transfixi	sagittis infixi
	B 1	episcopi et abbates	et *fehlt.*

5

Seite	Zeile	Text der Ausgabe d. Recueil.	Text unseres Codex.
	C 2	sufferret	sufferre
	D 1	applicata	applicita
	E 5	oppugnavit	obpugnavit
	F 1	cotidiano	cottidiano
323	A 5	perrumpere molitur et perforare	perrumpere et perforare molitur
	C 1	minnerent et cruerent	eruerent et minuerent
	C 4	ab hac colluctatione	ab hoc colluctamine
	E 2	quis, nisi	nisi *ist über der Zeile einge-schaltet.*
	E 3	Unde, parvis et magnis	Unde magnis et parvis
	F 5	ad lacum praedictum	ad predictum lacum
	G 1	in littore	in litore
	G 2	undique exsurgentes	exurgentes undique
	H 1	qui ultra exitu	qui ultra eis exitu
324	A 4	versus fluvium	versus flumen
	A 5	ammirati, quas et procul	admirati, quas et procul; et *ist über der Zeile nachgetragen.*
	B 3	quin lanceis	in lanceis
	C 4	perforari	perfodi
	D 3	reluctatione et defensione	defensione et reluctatione
	F 4	perforatione	perforamine
325	B 5	cominus	comminus; *das zweite m ist ra-diert.*
	D 3	quasi amos	quasi hamos
	D 5	offensi vero	offensi ergo
	F 4	incassum consumebantur	incassum consumebatur
326	A 1	obtulit praefatis primoribus	optulit prefatis principibus
	B 4	acquiescatis	adquiescatis
	C 3	ministrentur	amministrentur
	D 1	indeficienter	indesinenter
327	B 3	in cineres	in cinerem
	E 3	suorum interius occisorum	suorum occisorum interius

Seite	Zeile	Text der Ausgabe d. Recueil.	Text unseres Codex.
	E 5	membrorum salute	salute membrorum
	G 1	incolumes	incolomes
328	A 1	Marine	Marye
	. . .	Trevirensis	Treverensis
	. . .	absoluta et restituta	restituta et absoluta
	A 2	exercitus christiani	christiani exercitus
	B 1	Ascha	Asca
	B 4	omnique misericordia et industria	omnique industria et misericordia
	C 3	sceleratis hominibus	Der Codex hat sceleratis und auf dem Rand simis nachgetragen: sceleratissimis
	D 2	illius absentiam	ipsius absentiam
	D 3	ut ad nefandum	ad ist über der Zeile eingeschaltet.
	D 4	si forte a captivitate . . .	Der Codex hatte auch vor forte ein a, das wieder radiert wurde.
	F 1	in Imperatoris deditionem	in deditionem imperatoris
	F 2	omnia illis adhuc	adhuc illis omnia
	F 4	nil metuens	nichil metuens
329	B 2	ad dexteram viam	viam ad dexteram
	B 4	Hac ergo divisione	Der Codex hatte ursprünglich hanc, n ist radiert; für ergo steht igitur.
	B 5	vallem Degorganhi	vallem de Gorganhi
330	A 4	audacissimus, tiro	audacissimus et tyro
	C 1	stupefactae ac pavidae tenerae puellae et nobilissimae	stupefacte tenere puelle et nobilissime
	D 3	ab hostio	ab ostio
	E 5	vestra manus	manus vestra
331	A 1	cornua jussit perstrepere	jussit cornua perstrepere
	A 5	sellas tergis reponere, clipeos . . .	sella tergis imponere, clypeos . . .
	F 5	Gerardus	Gerhardus

5 *

— 37 —

Seite	Cap.	Text der Ausgabe d. Recueil.	Text unseres Codex.
336	XXXIV	pro pontis trausitu	pro trausitu pontis
	XXXV	nuncia dura	nuncia dira
	XXXIX	De eodem	Item de eadem re
	XL	machina exquisita componitur	machine exquisite componuntur
	XLII	insidias Turcorum	Turcorum insidias
	XLIII	invaserint	invaserunt
	XLIV	pars . . . . pars	partim . . . . partim
	XLIX	nonnulla vitae discrimina	vitae *fehlt*.
	LII	sint passi sint	vel quid passi sint
337	LV	a fidelium incursione coerceet	a fidelium invasione cohercet
	LVI	parentes ejus	ejus *fehlt*.
		reddere et expulsi sunt	tradere expulsi sunt; et *fehlt*.
	LIX	Babylonii regis	Babilonici regis
		Winimerus . . . . strenne	Winemarus . . . . strennue
	LXI	minime terrentur	non terrentur
	LXII	Peregrini, sermone pontificis roborati	Pontificis sermone peregrini roborati
	LXIII	partim laesi, partim caesi	partim cesi partim lesi
	LXVI	Reimundi custodiae	custodie Reimundi
		Expliciunt capitula.	Finiunt capitula
	Zeile		
339	A 2	Lotharingii	Lotharingi
	A 5	Britanni	Brittanni
	B 1	in valle nomine Malabrunias	in valles nomine Malabrunnias
	B 3	abbreviabant ac ob	adbreviabant ob; ac *fehlt*.
	B 4	instante die mensis ejusdem	instante ejusdem mensis; die *fehlt*.
	C 1	circiter quingenti	circiter quingentos
	C 5	in eodem sitis periculo	in eodem sitis articulo
	D 4	inaestimabili ardore	ardore inestimabili
340	A 4	sitis collectione	sitis collectione *steht am Rand; das Schluss -s von sitis ist nicht richtig gebildet.*

Seite	Zeile	Text der Ausgabe d. Recueil.	Text unseres Codex.
341	A 1	et exerceri	et exercere
. . .		cunctisque exuviis repositis	cunctis exuviis; que *fehlt*; repositis *ist über der Zeile eingeschaltet.*
	A 2	sumpto arcu	sumptu arcu
	B 4	sicut solitus erat et promptus	sicut solitus et promptus; erat *fehlt.*
	B 5	christianis confratribus	christianis fratribus
	C 4	ferocitati snae et rapacitati suorum unguium fidens	ferocitatis sue fidens et rapacitatis unguium suorum
	E 1	verso mucronis acumine	*Der Codex hatte ursprünglich* versus; s *ist radiert und u in* o *verwandelt.*
	E 1	propinquat belluae	propinquat belue
	E 2	ictum gladii effugiens bellua	ictu gladii effugiens belua
	G 4	Duci in auxilium affuit	in auxilium duci affuit
	G 5	ense perforavit	ense transfixit
342	A 2	totumque exercitum	ac totum exercitum
	A 5	et planctu virorum ululatuque	cum planctu virorum et ululatu
	B 2	vidisse se	se vidisse
	B 5	per valles Buotentrot	per valle Buotentrot
	D 2	acquiescentibus	adquiescentibus
	D 3	finitimas oras	finitimas horas
	E 4	ejus voluntati	voluntati ejus
	F 1	praesidiis praeesse	preesse presidiis
343	A 2	urbem hac conditione se reddere pollicentur	hac conditione urbem pollicentur; se reddere *fehlt.*
	A 5	cum illis in hoc modo	in hoc modo cum illis
	B 2	vindicaverit	vendicaverit
	B 5	comes de Tul civitate, vir magnae industriae	comes de Tul civitate, magne vir industrie
	C 1	per tres dies	per dies tres

Seite	Zeile	Text der Ausgabe d. Recueil.	Text unseres Codex.
	C 2	effeti	affecti
	C 3	montis cujusdam	cujusdam montis
	C 4	Tancredi tentoria	tentoria Tancradi
	D 1	Turcorum esse apparatum	Turcorum apparatum fore
	D 2	altitudine	cacumine
	E 1	et defensionem convenerant circiter ad quingentos	ad defensionem circiter ad quingentos convenerant
	E 4	nobis auxiliari	auxiliari nobis
	E 5	in manu et virtute nostra conterendi hodie estis	in manu nostra et virtute hodie conterendi estis
344	A 3	Deo opitulante, victi a nobis fuerint	a nobis Deo opitulante victi fuerint
	B 3	in signis, in armis, galeis et loricis, in equis	in signis, armis, galeis et loricis et equis
	C 4	contraxerant a montanis	contraxerant ex montanis
	D 1	pane illic cunctis deficiente	pane cunctis illic deficiente
	D 2	pratis et rivis apta	rivis et pratis apta
	D 3	anmirantur	admirantur
	E 5	aequiparantes	equiperantes
	F 2	experirentur	experiretur
345	B 1	nequaquam majores et potentiores magistros Christiani exercitus credatis	nequaquam magistros majores et potentiores christiani credatis exercitus
	B 2	duci et principi	duci principique
	B 3	frater meus Godefridus et dux regni	frater meus et dux Godefridus regni
	C 4	consumi et deleri	deleri et consumi
	. . .	nec hunc Tancredum vestros stare propugnatores	neque hunc Tancredum stare vestros propugnatores
	D 5	ducis, muneribusque dignis	ducis, vosque dignis muneribus
346	B 1	attritis Turcis	attricis Turcis
	B 5	portas civitatis inveniens	civitatis *fehlt.*

Seite	Zeile	Text der Ausgabe d. Recueil.	Text unseres Codex.
	C 1	sub fide data	sub *fehlt.*
	C 2	emptione et venditione	venditione et emptione
	D 3	fide recepta et firmata	fide data et firmata
	E 5	per loca et domos	per domos et loca
	F 3	Peregrinorum	peregrinorum *ist über der Zeile eingeschaltet.*
	G 1	rebus vacui necessariis	rebus necessariis vacui
	G 3	etiam universi plebeii ordinis de comitatu Baldewini	etiam plebei ordinis de comitatu Baldevini; universi *fehlt.*
347	A 1	confratres essent et christianae professionis	confratres et christiane essent professionis
	A 5	inmitti	inmitti
	B 2	quia fame	qui a fame
	B 3	periclitari	pereclitari
	B 4	refocillatis	refocilatis
	C 1	Baldewino	Balduino
	. . .	se perfecte	perfecte se
	C 2	occulto habito	occulte habito
	D 2	in viros Christianorum	in viros christianos
	D 5	qui intra urbem erant	qui infra urbem erant
	E 1	confratres	fratres
	A 5	tamquam mortiferi consilii reum	tamque mortiferi consilii rerum
348	B 1	fit in eum concursio	fit *ist über der Zeile eingeschaltet;* concursus
	. . .	et vitae suae necessitate	et necessitate vite sue
	D 1	stupri sui	sui *ist über der Zeile eingeschaltet.*
	D 4	paucis diebus elapsis	diebus paucis elapsis
	E 4	neta caedo	cede facta
	E 5	equo alii, alii pede	equo alii, pede alii
	F 1	vel qua ex natione	vel ex qua natione

Seite	Zeile	Text der Ausgabe d. Recueil.	Text unseres Codex.
	F 3	Antverpia	Antwerpia
	. . .	ceterisque partibus Galliae	ceterisque Gallie partibus
	G 4	Jherusalem	Hierusalem
349	A 1	Winimerus	Winemerus
	B 4	via regia	regia via
	C 5	suorum custodia	custodia suorum
	D 3	via regia	regia via
	E 4	omnium vilissimus factus es	vilissimus omnium factus es
	E 5	Tharsum	Tharsim
	F 3	arma, milites	arma et milites
350	A 2	de Monte Claro	de claro monte
	C 5	utrinque	utrimque
351	B 3	milleformis	multiformis
	B 5	apprime	ad prime
	C 4	industria et nobilitate	industria *ist über der Zeile nach-geiragen.*
	. . .	cum eo foedus	fedus cum eo
	D 1	castra et praesidia	castra et predia
	E 1	versutias illius expertus	versutias illius ipse expertus
	F 5	et membrorum ejus liberatione	et membrorum suorum liberatione
352	G 1	et deinceps a collegio Baldewini	et deinde a collegio Baldevvino
	B 3	acquievit et descendit cum solum ducentis	adquievit et descendit cum solum quingentis
	D 1	in sua tutamina regressis	in sua tutamina reversis
	F 2	sub arcano cordis sui coepit ei graviter invidere	sub archano cordis sui graviter cepit ei invidere
353	A 1	penitus regioni et civitati	penitus civitati atque regioni
	A 2	parem sibi fore ad aliquos reditus	parem sibi ad aliquos fore reditus
	. . .	plurimum auri	plurimum aurum

6

Seite	Zeile	Text der Ausgabe d. Recueil.	Text unseres Codex.
	B 3	redire possit	redire posset
	B 5	possit	posset
	E 1	die quodam filii loco ammonuit	die quadam loco filii ammonuit
	E 4	Balduch	Balduc; *ebenso weiterhin.*
	E 5	injuste invaserat	invaserat injuste
	F 4	primam hanc ducis petitionem	primam petitionem hanc ducis
	G 1	Samusart	Samûsart
	G 3	repugnatum est	repressi sunt
354	A 1	probi et strenui	strenui et probi
	A 2	in quorum exsequiis	Quorum exequiis; in *fehlt.*
	B 1	equo et galea	galea et equo
	B 2	ipse cum solum duodecim	ipse solum cum XII
	C 1	sub ejus manu	sub manu ejus
	C 4	Erat enim dux valde eis contrarius	Erat enim idem dux eis valde contrarius
	E 1	renuit	renuit
	E 4	ut in hunc virum	in *ist über der Zeile eingeschaltet.*
	E 5	morte et sanguine ejus	sanguine et morte ejus
	F 2	ore ad os michi liceat loqui	ore ad os loqui michi liceat
355	D 3	sibi facti et fideles	illi facti ac fideles
	E 2	abhinc et deinceps	et *ist über der Zeile eingeschaltet.*
	F 3	nocte ac die	ac *ist über der Zeile eingeschaltet.*
356	A 3	fideli suorum custodia	fideli custodia suorum; *über dem Intervall zwischen* fideli *und* custodia *steht ein* b; *über* suorum *ein* a.
	C 3	absque ulla dilatione	ulla *fehlt.*
	E 1	avaritia	avariᵘa: ti *ist übergeschrieben.*
	E 5	scindi et	scindi aut
	. . .	cives vero Sarraceni	cives vero et Sarraceni
	F 2	ad illos	ad eos

— 43 —

Seite	Zeile	Text der Ausgabe d. Recueil.	Text unseres Codex.
357	A 1	secum manere ab ipso die	manere secum ab illo die
	A 4	custodia	custodiam
	B 1	tuenda in eis moenia	tuenda menia˙ in eis
	B 2	ipse vero Rohas	vero *fehlt.*
	C 2	in montanis Turcorum	Turcorum *fehlt.*
	D 3	virtute militari illius	illius virtute militari
	D 4	mulis et equis missis	missis equis et mulis
	E 2	recipiens	suscipiens
	F 1	Godefridus dux	dux Godefridus
358	B 2	quam de regno Angliae ortam eduxit	quam de regno Anglie eduxit; ortam *fehlt.*
	B 4	exhalavit	exalavit
	. . .	exsequiis	obsequiis
	C 4	cum universis	cum omnibus
	E 3	fama sui adventus	fama adventus sui
	F 2	munitionibus, reminiscentes	munitionibus constituti, reminiscentes
	F 4	adventu et auxilio	auxilio et adventu
	G 1	Christianis confratribus	confratribus christianis
	G 2	in exstinctorum corporum ejectione	in extinctorum ejectione corporum
359	A 2	eos familiariter	familiariter eos
	D 1	suffocarentur interitu	interitu suffocarentur
	D 5	irrupit	irruit
	E 2	insequuntur	insecuntur
360	A 3	de adventu et consiliis	de adventu et consilio
	B 1	consilium tenuerant	consilium inierant
	B 5	in tot milibus suis praedictis	in tot suis predictis milibus
	D 2	intrarent securi	securi intrarent
	E 4	commixtis viribus et copiis	commixtis copiis et viribus
361	A 2	bellis et triumphis	et *fehlt.*
	A 5	cujusdam principis	principis cujusdam

6 *

Seite	Zeile	Text der Ausgabe d. Recueil.	Text unseres Codex.
	A 5	Constentini	Costentini
	. . .	munitiones plurimas	plurimas munitiones
	B 3	adversus	adversum
	C 1	celebratis	celebatis
	D 2	quae erat inexpugnabilis, pro defensione	que erat inestimabilis murorum firmitate et inexpugnabilis pro defensione; *die Endsilbe no ist am Rande angefügt worden.*
	F 1	cognoscimus procul dubio	procul dubio cognoscimus
362	A 3	a maritimis cum universis Gallorum sociis relatis	a maritimis Gallorum sociis universis relatis; cum *fehlt.*
	C 2	quousque ad ipsum praenotatum pontem	quousque ad psum pontem prenotatum
	D 4	in turribus pontis	in turribus ponti
	E 1	resistebant	obsistebant
363	A 4	Tandem plurimum Turcis	Turcis tandem plurimum
	B 2	Sed nec tunc Turci a ripa recedentes	Sed nec Turci a ripa tunc quidem recedentes
	B 3	transmitti	tramitti
	F 2	belli labore	belli sudore
	F 3	crudescunt	operantur
	G 2	hostes insequentes	hostem insequentes
364	A 1	per regionem Antiochiae	per Antiochie regionem
	A 5	in diversa mentem volvens no sibi	mentem involvens si sibi; in diversa *fehlt.*
	B 3	fideli et tuta	et tuta *fehlt.*
	D 4	Sansodoniam	Sansadoniam
	E 1	convenisse comperimus accitos	accitos convenisse comperimus
	E 3	Rosseleon	Rosseleon
	F 4	ad defendendam urbem	ad defensandam urbem
365	B 2	tucantur	moderantes tucantur
	E 2	armis et gentilibus copiis	armis et gentilium copiis

Seite	Zeile	Text der Ausgabe d. Recueil.	Text unseres Codex.
366	A 4	incipiunt	incipi unt; *ursprünglich* incipicunt; e *ist radiert.*
	B 5	urbem juxta	juxta *stand ursprünglich zweimal im Codex; an erster Stelle radiert.*
	E 1	Waiferii	Waifarii
	E 2	Provinciales, Wascones	provinciales et Wascones
	E 4	portam unam civitatis	unam *ist über der Zeile eingeschaltet.*
	E 5	Lotharingiis	Lotharingis
	F 4	fraterque ejus	ejus *ist über der Zeile nachgetragen.*
367	B 4	pons alins infestus etiam	pons alius etiam infestus
	D 1	Hujus pontis	Cujus pontis
	D 3	ferreorum malleorum	malleorum ferreorum
	D 5	frustrato in conamine	in *ist über der Zeile nachgetragen.*
	E 2	connexas	conexas
	E 5	Reimundum comitem	comitem *steht auf dem Rand.*
368	C 5	ponderis et	ponderis ac
	D 5	egressus erat, et qni prae urbis amplitudine inobsessus remanserat, insidiae fierent ad perdendos fideles, pontem ...	egressus erat insidie fierent ad perdendos fideles et qui pro urbis amplitudine inobsessus remanserat, pontem . . .
369	D 5	pontem equites socios et pedites	pontem socios equites et pedites
	E 3	magna vociferatione exciverunt	magno fragore vociferationis excierunt
	E 5	hactenus	actenus
	F 2	celeri fuga ac reversione	celeri fuga et reversione
370	A 4	ac loricis	ac lorica
	A 5	a porta et ponte hoc ad nocendum	a ponto hoc et a porta ad nocendum

Seite	Zeile	Text der Ausgabe d. Recueil.	Text unseres Codex.
	B 5	Qui die quadam, dum in prae- sidio	Qui dum die quadam in presidio
	E 1	Cunradi	Cünradi
	E 3	Henrici	Heinrici
371	A 3	His, ut dictum est	Hic, ut dictum est
	B 4	repedantes secum	secum repedantes
	C 4	cujus caput	capud vero ejus
	G 2	radicitus hoc	hoc *steht am Rand.*
	G 4	hac in parte	hac in porta
	G 5	populum Jhesu Christi	populum Dei viventis
372	A 4	perspiciebant	conspiciebant
	B 1	cotidiana	cottidiana
	C 2	in una secum voluntate accensi	in una voluntate secum accensi
	D 5	fluvii Fernae vel Farfar	fluvii vel Farfar; Fernae *fehlt.*
	F 3	Sed extemplo	Sed extimplo
	G 2	gloriam Deo dantes	gloriam dantes Deo
	. . .	successu	eventu
	G 3	ejusque filio	et filio ejus
373	A 5	vento similibus velocitate	vento velocitate similibus
	B 2	ab urbe raptim exundantes gravi martyrio	raptim ex urbe inundantes gravi martiryo
	C 3	temptabant	temptarunt
	D 1	Deo auxiliante collata est Eu- gilrando	Engilrando Deo auxiliante col- lata est
	D 4	altero constituti in littore	altero in littore constituti
	D 5	illius casu et infortunio	illius et infortunio; casu *fehlt.*
	E 1	propter insidias	propter insidias Turcorum
	E 4	majorum et	majorum ac
	E 5	adjutores	conadjutores
374	A 5	Tancredum et Robertum	Tancradum, Rubertum
	B 2	Tancredus, custodia peracta jam tunc	Tancradus jam tunc custodia peracta

— 47 —

Seite	Zeile	Text der Ausgabe d. Recueil.	Text unseres Codex.
	C 1	trium dierum	dierum trium
	C 4	rapinarum gravata	gravata *steht auf dem Rand.*
	D 3	quod dictu	quot dictu
	E 3	sustinere non posso	non posse sustinero
	E 5	visa est coadunatio	coadunatio visa est
375	A 1	attritione	contritione
	C 4	sociorum Boemundi	Boemundi sociorum
	E 5	inobsessa	inobsessa; in *ist über der Zeile nachgetragen.*
	F 1	per decliva	per declivia
	F 2	atroci nece	atroci cede
	F 5	Ludewicus defectione sui	Ludowicus; sui *ist über der Zeile eingeschaltet.*
376	A 1	coactus inopia	inopia coactis
	. . .	diffamata alimentorum	alimentorum diffamata
	A 2	juxta montana	in montanis
	B 4	nequaquam	nequiquam
	B 5	equo velocissimo	velocissimo equo
	C 2	rivo in terram	rivo in terram *steht zweimal; an zweiter Stelle gestrichen.*
	C 5	dolentes necem tam egregii	dolentes nece tam nobilissimi
	F 3	propalati, improvise	propalati sunt et improvise
	G 2	decollati sunt	interierunt
377	C 1	undam sanguineam	undam sanguinem
	D 3	firmissimum vallo	firmissimo vallo
	E 4	ac comiti	ac comite
	F 1	iu prima aurora	in prima aurora diei
	G 5	in victoria et laetitia	in leticia et victoria; et victoria *steht zweimal; an erster Stelle gestrichen.*
378	B 4	inter se et christianos	et *ist über der Zeile eingeschaltet.*
	C 1	urbs tradita nisi	tradita *fehlt.*

Seite	Zeile	Text der Ausgabe d. Recueil.	Text unseres Codex.
	C 3	cum primatibus suis	cum suis primatibus
	D 3	omnia egerint	egerint omnia
	. . .	cruciatus	cruciatos
	E 1	Fidelium Graecorum	Grecorum fidelium
	. . .	qui hunc plus mille referebant	qui referebant hunc plus mille
	F 2	consilio habito	concilio habito
	F 3	injustitiam	iu *ist über der Zeile eingeschaltet.*
379	A 4	inquinamentis et immundis	inquinatis et in mundis
	D 3	Reimundus	Remundus
	E 3	afflicto populo	affecto populo
380	B 4	Sion	Syon
	C 3	Antiochia	Antiochie
	C 5	Winimerus	Winnemerus
	. . .	a Baldewino recesserat et Tancredo	a Balduino et Tancredo recesserat
	D 5	compiratae	conpirate
	E 3	constitutus est	constitus est
	F 2	congregata suut in unum	in unum congregata sunt
	F 3	in animo suo	suo *ist über der Zeile eingeschaltet.*
	G 1	in ore gladii consumerentur	consumerentur in ore gladii
381	A 5	in nomine Jhesu	in nomine domini Jhesu
	B 2	egressi sint et fatigati	egressi et fatigati sunt
	B 3	jamque usque	jam usque
	C 1	clam convocatae	clam vocate: con *ist über der Zeile nachgetragen.*
	D 2	nimis exterreantur	minus exterreantur
	E 2	necessitas exigebat	necessitas exibebat; *die Sylbe tas scheint später eingeschaltet worden zu sein.*
	E 4	his ignorantibus	his ignorantibus his; *das zweite his ist durchstrichen.*

Seite	Zeile	Text der Ausgabe d. Recueil.	Text unseres Codex.
	F 3	saepius strages	strages sepius
	F 4	a Deo laudem	laudem a Deo
382	A 2	et Walterus	et *fehlt.*
	A 5	frutectis	a frutectis
	B 3	Boemundi et Walteri	Waltheri et Boemundi
	B 5	cujus gratia patriam	cujus gratiam patriam
	C 2	roborati beata ammonitione unanimiter decreverunt	beata ammonitione roborati decreverunt unavinuter
	C 4	clippeo	clypeo
	D 4	magno fuit impedimento	fuit magno impedimento
	E 1	se videntes praevaluisse	videntes se prevaluisse
	E 2	in castris circa Antiochiam	in castris Antiochie
	E 4	valentibus equis	equis valentibus
	F 3	repedantibus in magna gloria	in magna gloria repedantibus
	F 4	auxilium attritae multitudinis operiebantur	auxilium attrite multitudinis auxilium opperiebantur; auxilium *steht zweimal.*
	F 5	contemplabantur	contemplantur
383	D 1	Wernerum ... ad portum maris	Warnerum ... ad portam maris
	E 2	comperto et manifestato	comperto ac manifestato
	F 2	quam pedibus	quam in pedibus
	F 5	alios gladio trucidant	gladio *ist über der Zeile eingeschaltet.*
384	A 4	velocitate equi vix per	vix velocitate equi per
	B 4	a porta	a porta
	C 1	sibi nunc	nunc sibi
	F 2	incolumes praefati principes	prefati principes incolumes
	F 3	consolati	confortati
385	A 1	et his viginti montis cacumen	montis *fehlt.*
	A 3	Turcorum insidias	Turcorum copias
	. . .	reddiderunt	rediderunt

7

Seite	Zeile	Text der Ausgabe d. Recueil.	Text unseres Codex.
	A 5	equites christianos	christianos equites
	B 3	interim toto cominus appropiante	cominus fehlt.
	D 3	Simeonis	Symeonis
	G 3	Cono	Cino
386	A 2	sua latitudo	sui latitudo
	A 4	solis ibicibus	solis hibicibus
	C 1	cum eis intrare	cum eisdem intrare
	D 1	in nomine et virtute	et virtute fehlt.
	F 3	a tentoriis egressi, in virtute	egressi fehlt.
	G 1	vallo tutissimo	tutissimo vallo
	G 2	industrine et audaciae	audatie et industrie

<table>
<tr><td>387</td><td colspan="2">Cap.</td><td>Index capitum libri quarti</td><td>Incipiunt capitula quarti.</td></tr>
</table>

	III	Corrozan	Corrazan
	V	contra Dei populum	contra populum Dei
	VII	in brevi se experturum Christi militum fortitudinem	se in brevi experturum fortitudinem Christi militum
	XI	parantibus Baldewinus	Balduinus steht zweimal; an erster Stelle radiert.
	XII	Corbahan	Corbaan
	XV	arcani	archani
	XVIII	exhortantur	exortantur
	XIX	intromissi sint	intromissi sunt
	XXI	expergefacti	experrecti
	XXII	nunciant	indicant
	XXIII	praeeminet	preminet
	XXIV	fugit	fugam iniit
	. . .	elisi sunt et exstincti	elisi sunt et extincti sunt

Seite	Cap.	Text der Ausgabe d. Recueil.	Text unseres Codex.
388	XXVIII	Excusatio	Excusati
	XXX	diversis mortibus	diversis motibus
	XXXIII	praesidium novum se retinere posse	presidium retinere se posse; novum *fehlt.*
	XXXVII	vivendi clam fugerint	vivendi de civitate clam fugerint ⸳
	XLV	quam tumide	quam timide
	XLVI	disquiritur	disqueritur
	L	duci Godefrido	G. duci; *der Codex schreibt* Godefrido *nicht aus.*
	LII	Item de eodem	tem de eodem: I *scheint vergessen.*
	LIII	et perdit	ac perdit
	LVI	vinculorum diversitate	diversitate vinculorum
		Expliciunt capitula	Finiunt capitula.
	Zeile		
389	A 1	Taliter triumphatis hostibus et obrutis	Tandem triumphatis et obrutis; hostibus *fehlt.*
	A 2	ex Turcis ad turrim	ex Turcis festinus ad turrim
	A 4	sibi indicuus	sibi *fehlt.*
	. . .	et sollicite	ac sollicite
	B 2	hactenus	actenus
	B 5	comprimores	primores
390	B 1	litteras et sigillum meum	sigillum meum et litteras
	C 4	Sammarthau	Saumarthau
	D 2	aetate major	etate prior
	. . .	et facundia	ac facundia
	F 4	literarum	litterarum
	F 5	Nicaeam inquit, urbem	urbem *fehlt.*
391	A 1	ex tuo dono	ex tui dono
	B 2	de genere nostro virum	virum *steht auf dem Rande.*

7 *

— 52 —

Seite	Zeile	Text der Ausgabe d. Recueil.	Text unseres Codex.
	E 3	qui secum aderant	qui secum erant
392	A 5	Corrozana	Corruzana
	B 3	Solimanni et Sansadoniae et Buldagia	Solimanni, Sansadonie et Buldegis
	D 3	responsa dedit	respondit
	E 2	in virtute robustorum facile	facile in virtute robustorum
	H 2	nec stare eos adversum me aestimavi	nec stare adversum me eos estimavi
393	B 1	paucos meorum	paucos meos
	C 1	nostras munitiones	munitiones nostras
	C 3	Foloraca	Foloroca
	D 1	Turbaisel	Turbaysel; ebenso weiterhin.
	D 2	Constentini	Costentini
	D 3	Corrovarsilii	Corrovassilii
	E 4	subjugatis	subjugatos
	F 2	audita hac Solimanni narratione	hac Solimanni audita narratione
	F 3	os suum sic aperuit	os suum aperuit dicens
394	A 1	ut omnis eorum hoc	ut omnis hoc eorum
	A 3	Corrozana	Corrozona
	A 5	triumphare Christianos	christianos triumphare
	C 2	Pulagit	Pulagith
	E 5	adverso casu	casu ist über der Zeile nachgetragen.
	F 2	armis et apparatu	apparatu et armis
	F 5	Balduch de Samosarth	Balduc de Samosart
	. . .	Karaget	Karageth
395	A 4	In Corrozanam	in Corrozana
	A 5	fervebant intentione	intenti fervebant
	B 4	artabantur	artabuntur
	C 5	ad hanc restaurandam	ad hanc instaurandam
	D 1	compertus est	comperit
	D 4	decoris et honoris	honoris et decoris

— 53 —

Seite	Zeile	Text der Ausgabe d. Recueil.	Text unseres Codex.
	E 3	dux Godefridus	Godefridus dux
	G 1	comprimorum	primorum
	G 2	dissidium	discidium
396	A 5	Jam dies	Jam die
	B 5	nullo poterant numero	nullo numero poterant
	C 2	qui in tentoriis super omnes nimio affluebat et apparatu	qui in tentoriis et nimio apparatu super omnes affluebat
	C 4	et praeceptorem	ue preceptorem
	D 1	Rohas civitatis	civitatis Rohas
	D 2	per dies aliquot	per aliquot dies
	D 3	abbreviaret	adbreviaret
397	A 1	armata manu universa	armata universa manu
	A 2	ad obsidionem Rohas praemissis	premissis ad obsidionem R..
	B 1	ammiratur vehementer	vehementer admiratur
	C 3	valide	valde
	C 5	ab obsidione castra moveret	castra ab obsidione moveret
	E 5	providentiam Turcorum et custodiam	providentiam et custodiam Turcorum
398	A 5	secuti sunt	secuta sunt
	D 2	arenam	harenam
	D 4	rerum suarum gloria	gloria rerum suarum
	E 1	snne acies	sue aciei
	E 3	clam retulerunt	clam retulerunt: re ist über der Zeile eingeschaltet.
399	A 5	in aciebus	in aciebet; Zeichen für et.
	B 5	hostibus obviam irent	obviam hostibus irent
	D 3	in manus meas	in manum meam
	D 4	ut nequaquam	quod nequaquam
	E 2	laboravi	elaboravi
	F 5	vobis secreto aperio, videlicet ut si vestrae fuerit voluntatis, qui estis columpnae et capi-	vobis secreto aperio qui estis columpne et capitanei exercitus, videlicet ut si vestro

Seite	Zeile	Text der Ausgabe d. Recueil.	Text unseres Codex.
		tanei exercitus et ceterorum quatenus	fuerit voluntatis et ceterorum, quatinus
400	A 4	fidei summae	summe fidei
	B 1	quod in assultu et conflictu	quod in conflictu et in assultu
	B 2	in manus Boemundi	in manum Boemundi
	F 1	montana	montanis
	F 3	subsistens	consistens
401	B 1	Graeco appellat sermone	greco sermone appellat
	B 3	et signo Boemundi certissimo	et signo certissimo Boemundi
	. . .	per annulum	per annlum
	D 1	murosque et turres	muros et turres
	D 4	audito hoc consilio	audito consilio
	E 2	sed metu et nimia dubietate	nimia fehlt.
	E 5	Godefridus vero et R.	vero ist über der Zeile nachgetragen.
402	A 2	gratia et amore ejus	ejus gratia et amore
	A 4	milites Christi	Christi milites
	B 2	lux matutinae diei	lux matutina diei
	. . .	jam cives et Turci si	jam si cives et Turci
	B 3	saltem	saltim
	C 1	verba et solutium	verba ist über der Zeile nachgetragen
	E 4	in falsa fide	in fide falsa
403	D 1	sed ex interpretis verbis	sed per interpretis verbis
	D 3	invecti super muros	super muros invecti
	E 4	in hac parte	in ea parte
	F 2	inmissa est, cornibusque . . .	Mit cornibusque beginnt ein neuer Satz.
	F 5	erant conscii	conscii erant
	G 4	ad portam, ut hanc aperirent, pervenire passi sunt	ad portam pervenire ut hanc aperirent passi sunt
404	A 5	buccinarum	bucinarum

Seite	Zeile	Text der Ausgabe d. Recueil.	Text unseres Codex.
	B 5	summo	in summo
	C 4	perstrepere	strepere
	D 1	res tota innotuit	res nota innotuit
	D 3	assultum omnem	assultum et omnem
405	A 1	omnium Christi fidelium	omnium fidelium Christi
	C 1	viros ac mulieres	viros et mulieres
	C 3	quorum virtus magis ac magis affluebant et copiae	quorun virtus et copie magis ac magis affluebant
	D 2	corporibus Christianorum	Christianorum corporibus
	D 3	adhuc tenebrae essent super terram	adhuc super terram essent tenebrae
	D 4	aut quos ferirent	et quos ferirent
	F 2	Gallorum insequentium	insequentium Gallorum
	G 4	via illis deficiente	illis fehlt.
406	B 1	victus quaerentes	victus queritant
	B 3	tesseras	thesseras
	B 4	Gentilium	gentium
	B 5	Feria quinta erat dies serenissima	dies fehlt.
	C 1	tertia Nonas mensis Junii	III Non. Junii mensis
407	A 1	in conspectum	in aspectum
	B 2	erat possibilitas sua	sua erat possibilitas
	C 4	praecedentes	procedentes
	D 3	lascescentibus	lacescentibus
	F 4	omnium suorum auxilio	omnium fehlt.
408	A 2	quicquam	quidquam
	A 5	percussi et	percussi ac
	B 2	procul dubio retardatos	retardatos procul dubio
	C 2	reperti sunt et capti	reperti et capti sunt
	E 5	hymnis	ymnis
409	B 1	in ea parte	ea in parte
	B 4	in montanis eisdem	ex eisdem montanis
	C 2	opportunitas	oportunitas

Seite	Zeile	Text der Ausgabe d. Recueil.	Text unseres Codex.
	D 1	quae afforis	que aforis
	D 3	praelio commisso utrinqne	prelio utrimque commisso
	F 5	praesidio quodam mirabili aedificio	presidio quod ammurali edificio
	G 4	adhuc praesidium	presidium adhuc
410	A 3	Rodulfus de Fontanis	Rudolfus do Fontannis
	A 4	Reinboldus	Reimboldus
	B 1	grave strage	gravi strage
411	A 2	Rotgeri	Rütgeri; ebenso weiterhin.
	A 3	in assultum	in assultu
	B 5	antemurale	ante murale
	C 2	attrivit	atterit
	. . .	Illis vero viso mortis periculo	viso ist über der Zeile nachgetragen.
	C 3	ulla facultas fuit	ulla fuit facultas
	D 2	locata et ordinata	locata et fehlt.
	F 5	Quin tandem	Der Codex hat Q^{uin}; nin ist nachgetragen.
	G 1	a mane	et a mane
412	G 2	vexaverunt	vexantes
	D 2	fames invaluit	invaluit fames
413	F 5	cotidie	cottidie
	A 2	et introitum	ac introitum
	D 1	socios in vicina turri commorantes	socios, qui in vicina turri commorabantur
	D 3	Henricus de Ascha	Heinricus de Asca
414	. . .	sua in terra semper	semper fehlt.
	A 3	prae obsidione undique constituta	pre obsessione undique constitu^{te}
	A 4	Simeonis	Symeonis
	B 2	ante lucem in tenebris	in tenebris ante lucem
	B 3	Leodiensis	Leodicensis
	C 1	nox brevis erat	nox erat brevis

Seite	Zeile	Text der Ausgabe d. Recueil.	Text unseres Codex.
	C 3	Hujus rei	Cujus rei
	D 2	ementes et vendentes	vendentes et ementes
	F 1	Willelmus	Wilhelmus
415	D 2	defendebant	defensabant
	E 4	gratis vos sufferre	gratis sufferre vos
	F 4	ad dioecesim	ad diocesim
	. . .	carpebat iter	carpebat viam
	F 5	quidam Peregrinus	peregrinus quidam
	G 3	Domini Jhesu	domini nostri Jhesu
	H 1	Francigenas	Francigenis
416	A 1	ob hoc in regno	hoc *fehlt.*
	. . .	aliis in regnis	in *fehlt.*
	A 5	peregrinus inquit	peregrinus ait
	B 2	noveris esse eos computatos	esse *fehlt.*
	. . .	ascriptos	ascriptos
	C 1	in promissione et verbis	in verbis et promissione
	. . .	de qua sit ortus	de qua ortus sit
	C 5	sit in signum	in *ist über der Zeile nachgetragen.*
	D 4	barbaris nationibus	nationibus barbaris
	F 2	timore vitae praesentis amittendae	timore amittende presentis vite
	F 4	fiunt stabiles	sunt stabiles
417	A 3	et fugam	ac fugam
	. . .	state ac	state et
	B 2	et stabiles deinceps	et deinceps stabiles
	C 5	imperatorem Christianum	christianum imperatorem
	D 3	Pincennarius	Pincennarius
	E 5	congregatum	congregatam
	. . .	truncatae naris	truncati naris
	G 2	res eorum sita	eorum res sita
418	C 3	exercitus Christi	Christi exercitus

8

Seite	Zeile	Text der Ausgabe d. Recueil.	Text unseres Codex.
	E 5	vivere et mori	mori et vivere
	F 3	assultu invalescebant	vor assultu steht ein gestrichenes in.
419	A 1	ab urbe procederet	ab urbe prodiret
	A 5	occurrunt armati	armati occurrunt
	D 3	Universi vero	vero ist über der Zeile eingeschaltet.
	D 5	Dei digitum	digitum Dei
	E 1	quam audistis	quam auditis
	. . .	et sollicitudine	ac sollicitudine
	F 2	qua potuit veritate	veritate qua potuit
	G 1	in ipso oratorio	in ipso ora torio; zwischen ora und torio findet sich eine Rasur für etwa 1 Buchstaben.
	G 2	inventione et ostensione	et ostensione fehlt.
420	B 1	exhausti essent	exhusti essent
	C 4	clarissimo et gloriosissimo	clarissimo ist über der Zeile nachgetragen.
	C 5	ducis Godefridi	Godefridi ducis
	E 4	nuncia aperuit	aperuit nuntia
	. . .	inquit	inquid
	E 5	tibi subdi recusas	subdi ist über der Zeile eingeschaltet.
421	A 4	perire exercitum	exercitum perire
	B 2	juventus	inventus; in ist gestrichen und in übergeschrieben.
	B 3	regi Corrozana	Corrozana regi
	D 2	conglobantur in circuitu Petri	in circuitu Petri conglobantur
422	A 3	sicque in primo diei	in ist über der Zeile eingeschaltet.
	A 4	christiani milites	Der Codex hatte ursprünglich christianis; s ist radiert.
	C 2	Henricus de Ascha	Heinricus de Asca

Seite	Zeile	Text der Ausgabe d. Recueil.	Text unseres Codex.
	. . .	Hamersbach	Hamerbach
	C 4	Comes de Oringis Reinboldus	Comes Reimboldus de Oringis
	C 5	Ludowicus de Monzuva	Ludowicus de Monzons
	C 5	Cononis	Cunonis
	D 1	uni aciei	unius aciei
	D 2	Lotharingiis	Lotharingis
	E 1	Gerardi	Gerhardi
	E 2	Everardus	Everhardus
	E 3	Gotfridi, Conauz	Goffridi, Conans
	E 5	Willelmus de Montphelir	Wilhelmus de Montphelir
	F 3	ordinatis et	ordinatis ac
423	A 3	expleto unanimiter	expleto omnes unanimiter
	A 5	Barbarorum acies	barbarorum legiones
	B 4	buccina	bucina
	C 1	eis in crastino praedixerat	in crastino eis predixerat
	C 2	cum eis bellum	bellum cum eis
	C 5	universarum rerum	rerum universarum
	D 1	provisis minus	minus provisis
	D 4	buccina	bucina
	. . .	perstreprere	perstrepere
	E 5	ac enieantur	et enieantur
424	A 3	Anselmus	Anshelmus
	. . .	in prima hac acie	hac ist über der Zeile nachgetragen.
	A 5	qui hos deicit	qui hos dejecit
	C 4	a cetera societate	a cetera multitudine
	D 4	Hamersbach	Hamerbach
	F 2	equorum velocitate	velocitate equorum
	F 4	Reinardi, Warneri, Petri	Reinardi, Petri, Warneri
	F 5	in circuitu iter accelerans	iter accelerans in circuitu
425	A 1	similiter	simul
	D 2	Lotharingiis	Lotharingis

8 *

Seite	Zeile	Text der Ausgabe d. Recueil.	Text unseres Codex.
	E 5	cursus equitum suorum	cursu suorum equitum
	F 1	indubitanter in se	in se indubitanter
426	E 2	infinito satellitio	infinito suo satellicio
427	A 1	viam qua venerat	via qua venerat
	. . .	Corrozana	Corrozan
	C 1	palefridum acquirere	palefridum nunc adquirere
	E 2	Henricum	Heinricus
	F 1	simile huic	huic simile
	. . .	quae in tam longo exsilio	que in tot longo exilio
428	A 1	Reimundi comitis	comitis Reimundi
	A 3	attenuatis expendit militibus	extenuatis militibus expendit
	D 5	remansit	permansit
	E 4	ac voce	et voce
	F 4	laqueorumque	laquorum; que *fehlt.*
	G 1	plurimo et numero	et *fehlt.*
429	A 2	lactentes	lactantes
	B 3	tamque diversa illic exstitisse	tamque diversa fuisse; illic *fehlt.*

Seite	Cap.	Text der Ausgabe d. Recueil.	Text unseres Codex.
			irgend welche Beziehung zum Text auf dem Rand gross und deutlich von späterer Hand geschrieben: qui est ante me factus, nunc autem occidit.
	XVIII	De Baldewini socero	De socero Balduini
	. . .	Amacha	Malacha
	XXV	et variis	et de variis
432	XXVIII	principum	primorum
	XXXII	mortuus et a Godefrido remissus	mortuus a Godofrido est remissus
	XXXIV	amoverunt	amoverint; in *ist mit Abbrevia-tur übergeschrieben*.
	. . .	in auxilium properaverunt	in auxilio properaverint
	XXXVI	in populo Dei	in populo ducis
	XL	perierunt in regione Sidonis	perierint in regione Sydonis
	XLII	Ramam invenerint	Ramam vacuam invenerint
	XLIII	Cum	Dum
	XLIV	Duci legatos .... ut maturaret	duci G. legatos ... ut maturet
	XLV	abducta ..... et ymnis con-stiterint	adducta ..... et himnis con-stiterunt
	XLVI	civitas sancta obsessa	sancta *fehlt*.
	Zeile		
433	B 1	excaecatus	obcecatus
	C 5	sancti Petri	beati Petri
	D 3	relictum est	concessum est
	E 1	populo christiano	christiano populo
	E 3	Antiochenae ecclesiae	Antiocene ecclesie
434	A 4	custodiam et sedem	sedem et custodiam
	A 5	illic ultra Turcorum sibi defen-sione	ultra *fehlt*; defensione sibi

Seite	Zeile	Text der Ausgabe d. Recueil.	Text unseres Codex.
	B 2	praesidium relinquentes	relinquentes presidium
	B 4	ponti Fernae . . . . Simeonis	ponti Fernie . . . . Symeonis
	C 2	Nortmannorum princeps	princeps Nortmannorum
	D 1	ad ejus regnum	ad regnum ejus
	E 4	fallaces aut seductores eos	eos fallaces aut seductores
	E 5	quomodo ab omni	quoniam ab omni
	F 2	ex timidorum	et timidorum
	F 3	Hi quidem	Siquidem
	G 4	asserunt quoniam	asserunt quod
435	B 2	necessariorum fruentibus	necessariarum fluentibus
	C 1	deflentes nobiles et ignobiles	nobiles et ignobiles deflentes
436	A 4	forte in manus insidiantium Turcorum	forte in Turcorum insidiantium manus
	C 5	de Halapia	de Alapia; ebenso weiterhin.
	E 5	diversa consilia	diversa colloquia
437	A 4	datis dextris	datum dextris
	E 3	principum Turcorum	Turcorum principum
	E 4	si mihi credere	si credere mihi
	. . .	audita hac legatione	hac audita legatione
438	A 2	Mahumet	Mahmmeth
	A 5	numquam	numquam
	C 3	qui aderant cum eo	qui cum eo aderant
	D 4	quare hae aves	he ist über der Zeile nachgetragen.
	E 4	Godefridi aperiens perlegit	aperiens fehlt.
439	A 3	virorum pugnatorum	pugnatorum virorum
	D 3	Boemundus et Reimundus	et fehlt.
	E 5	in obsidione	in obsidionem
	G 1	exercitus	exercitos
	. . .	et sexcentos	et fehlt.
440	A 3	illic facientes	illis facientes

Seite	Zeile	Text der Ausgabe d. Recueil.	Text unseres Codex.
	A 4	et veprium	ex veprium
	D 3	pestilentiae praedictae	predicte pestilentie
	. . .	multisque principibus una cum	multisque de principibus; una *fehlt.*
441	A 5	contermino	conterminio
	B 1	sunt aggressi	sun aggressi
	C 1	meditatus	meditans
	. . .	Pancratias idem	idem Pancratius
	D 4	humi coegit	humi cogit
	E 5	custodia fidelium suorum	fidelium *fehlt.*
442	B 2	a Gallis obsessa	obsessa a Gallis
	C 5	et decreta eorum	et eorum decreta
	E 1	fidem ex puro corde et mente	fidem puram ex intimo corde et mente
	F 2	Gallorum manu	manu Gallorum
	F 4	exsequio	obsequio
443	A 3	semper consilio suorum	suorum semper consilio
	A 4	ampliora	altiora
	B 3	inferiori manui	inferiori manu
	C 1	conscios	conscios
	C 5	Ab illa die	ab illa die
	D 3	videns quoniam	videns quia
	E 3	spe frustratus	spe frustatus
	F 2	perdere posse aestimabat	posse *fehlt.*
444	A 3	me meosque filios et	me filiosque et
	A 5	tradam die quam	trado die qua
	B 5	castra Amacha	castro Amacha
	C 3	ad omne belli opus	ad omne opus belli
	D 5	in hujus verbis astruentes et pro-missis	in hujus verbis et promissis astruentes; et promissis *ist über der Zeile nachgetragen.*
	E 4	diu de hoc	de hoc diu

Seite	Zeile	Text der Ausgabe d. Recueil.	Text unseres Codex.
445	B 3	ab insequentibus	ub sequentibus
	D 3	pro eorum redemptione	eorum ist über der Zeile nachgetragen.
	D 5	civitatem sibi reddere	sibi civitatem reddere
	E 3	Sororgiam	Sorgiam
	E 4	Ab eo die	ab ea die
446	B 1	in terra Amacha	in Amacha terra
	B 4	Balas de sociis Baldewini sex	Balas sex de sociis Balduini
	D 2	Regnesbure	Regnesburch
	D 3	Rheni	Reni
	D 5	illa cohors	illa choors
	E 3	videretur uspiam	uspiam videretur
447	A 5	Winemarus de terra Bullonine	de terra Bulonie Winnemarus
	B 2	reductus	reversus
	B 4	solerti	sollerti
	D 2	solent somni requie refoveri	somni requie solent refoveri
	E 2	et post	ac post
	F 2	hujus portenti	portenti hujus
	G 3	injuste a gentibus possessas	a gentibus injuste possessas
448	A 2	praesentem hanc mortalitatem	hanc presentem mortalitatem
	A 4	in melius mutata est	in melius ist über der Zeile nachgetragen.
	B 1	Nam Godefrido	Jam Godefrido
	B 2	in mense Octobri	in mense octobre
	C 4	ascenderunt	descenderunt
	D 4	fretam	fetam
	D 5	Deinde tres hii	deinde hi tres
	F 4	permaxima	per ist über der Zeile eingeschaltet.
	G 2	assiliit	assilit
449	B 5	ab urbe Antiochia	ab Antiochia urbe
	C 3	contendunt in hostes	con ist schwach radiert; in hostem

Seite	Zeile	Text der Ausgabe d. Recueil.	Text unseres Codex.
	E 4	viam Jherusalem	Jherusalem viam
	E 5	natales oras	natales horas
450	C 2	cibariis exhaustae erant	exhauste erant cibariis
	C 5	tanta ipsa fames	ipsa ist über der Zeile nachgetragen.
	D 5	Comes ergo	ergo ist über der Zeile nachgetragen.
	. . .	dolorem populi	populi dolorem
	E 3	montana et deserta	deserta et montana
	E 5	praecipua erat virtus	precipua virtus erat
451	A 1	modis omnibus	omnibus modis
	A 5	urbs post non multum	urbs non post multum
	B 2	scutati	scutati et
	B 3	seseque	seque
	D 3	in montanis ibidem	ibidem fehlt.
	E 1	ejusque custodiae	ejusque custodia
	E 3	humanis ingeniis et viribus	ingeniis et humanis viribus
452	A 3	gentis Christianae	christiane gentis
	B 2	commilitonis Anselmi	Anselmi fehlt.
	E 5	Asart	Hasart
	F 2	excusans se sub omni	excusans se etiam sub omni
	F 3	puer minime obisset	minime puer obisset
	F 4	moleste ferre	moleste sufferre
453	C 2	cum civibus inito consilio	inito consilio cum civibus
	D 4	apud primores	inter primores
	D 5	reciperet	susciperet
	E 1	comes vero	vero ist über der Zeile nachgetragen.
	G 2	sperare posse	posse sperare
454	A 2	compares	comprimores
	A 4	simul integer	integer simul
	D 4	copias aut minus	copias vel minus

9

Seite	Zeile	Text der Ausgabe d. Recueil.	Text unseres Codex.
	E 1	pecuniam	pecunias
	F 1	duorum miliariorum	duum miliariorum
455	A 1	inimicitiae graves ortae	graves exorte inimicitie
	A 3	comes idem	idem comes
	B 1	Godefridus se cum ceteris	Godefridus illuc se cum ceteris
	F 5	devoverant in	devoverant
	G 1	a natalibus oris	a natalibus horis
	G 2	renitebatur	nitebatur
456	B 1	in ultione	in ultionem
	C 4	omnis populus tendebat	omnis tendebat populus
	E 3	procul resedit ab urbe	procul ab urbe resedit
	F 1	repertos populus auxit, quos vocant zuera, illorum	repertos quos vocant zuera auxit populus illorum
	G 4	mellis illius quod	illius ist unter der Zeile eingeschaltet.
457	C 3	tum arcta semita	tam arta semita
	D 2	conductu praesidiis Triplae	presidis Triple conductu
458	B 1	et rursus	et rursum
	C 2	principibus praedictis	predictis principibus
	D 4	illiduntur	illiditur
	D 5	Sagitta	Sagitta; Sidon ist übergeschrieben.
	E 3	dum quiesceret fessa et cubaret	dum fessa quiesceret et accubaret
	F 1	lacessere	lacescere
459	A 3	ut omnis	ut steht zweimal.
	. . .	a serpente	a serpentibus
	A 4	dexteraque manu	dexteraque manus
	B 2	ab omni veneni tumore	ab omni tumore veneni
	C 1	Altera dehinc die	Altera dein die
	C 2	de Verna	de Verva
	C 4	copias contraxit	contraxit copias

Seite	Zeile	Text der Ausgabe d. Recueil.	Text unseres Codex.
	D 5	moras faceret	faceret moras
	. . .	tertia luce	tercia die
	E 2	de ejus adventu	de ejus eventu
	. . .	reperto	recepto
	E 3	planitiem camporum	camporum planitiem
	E 5	castra . . . . collocantes	castris . . . . collocatis
	F 4	eo quod urbs esset	eo quod sit urbs
460	B 1	propter Turcorum copias	propter copias Turcorum
	B 3	incursari	occursari
	B 4	protecti a mari	a fehlt.
	C 4	eidem influit urbi per apertam camporum planitiem	eidem urbi influit per camporum apertam planitiem
	E 5	Robertus vero	Rubertus vero; vero ist über der Zeile nachgetragen.
	F 1	homo militaris	militaris homo
461	A 1	per . . . . deserta loca a facie Christianorum . . . . confugerunt. Sic Ramnes civitatem	per . . . . deserta fugientes loca a facie Christianorum . . . . se absconderunt. Sic civitatem Ramnes
	C 3	Sed illo in loco	Sed in illo loco
	E 5	in praedicto loco	in eodem loco
462	A 2	Godefrido duci	duci Godefrido
	A 4	inferentes eis	eis inferentes
	B 2	Christianorum	eorum
	B 5	piissimi ducis ac christianissimi	piissimi ac christianissimi ducis
	C 4	eosdem Christianorum equites	eosdem equites Christianorum
	D 1	ea vidimus, quae nobis erant semper	ea videmus, que nobis semper erant
	E 4	maturare iter	iter maturare
	F 2	praemissi equites	premissi milites
	F 5	appropinquantium	propinquantium
	G 3	militibus Sarracenis	Sarracenis militibus

9 *

Seite	Zeile	Text der Ausgabe d. Recueil.	Text unseres Codex.
	. . .	ejusque socios	sociosque ejus
463	A 5	sociorum viribus	sociorum copiis
	B 2	exercitum Christianorum	Christianorum exercitum
	C 1	in fletum lacrymarum prae laetitia fluxerunt	pre leticia in fletum lacrimarum fluxerunt
	C 4	obliti laborum suaeque fatigationis	obliti laborem suamque fatigationem
	E 2	nil causae	nichil cause
	E 3	comes Reimundus	Reimundus comes
	F 2	Theutonicis	Teutonicis
	G 3	Conans Britannus	Conens Brittannus
	G 4	tentoria	tabernacula
	. . .	Reimboldus	Reimboldus
464	A 2	Rosselon . . . . Burg	Roselon . . . . Burch
	B 2	Hac itaque	ac itaque
	B 3	ne quid	ne quod
	B 4	ubi etiam virorum	etiam ist über der Zeile eingeschaltet.
	. . .	custodiam	custodias
	C 2	aedificia imminebant, inobsessa remansit	imminebant edificia, remansit inobsessa

Seite	Cap.	Text der Ausgabe d. Recueil.	Text unseres Codes.
	XIV	De duobus nunciis regis Baby-	De duobus regis Babylonii nuntiis
		loniae	
	XVIII	Gentilibus	gentilium
	XX	perfidorum	perditornm
	XXIV	Relatio de	de ist über der Zeile nachgetragen.
	XXV	visitaverit	visitaret
	XXXII	eliminati sint	eliminati sunt
466	XXXVII	visionis	visus
	XLIX	perfidorum	perditorum
	LI	Ascalonnin	Ascaloniam
	LV	obsedit	obsidet
	Zeile		
467	A 3	fortiter bello lacescentes	bello fortiter lacessentes
	B 2	Christiani vero	vero fehlt.
	B 3	populi sui	sui fehlt.
	B 4	barbicanas	barbanicas; unicas ist unvoll-
			kommen radiert.
468	A 2	sine dampno reversi sunt	reversi sunt sine dampno
	B 4	trilices	triplices
	C 2	cremaretur machina	machina cremaretur
	C 4	rerum indigentia	indigentia rerum
	D 3	Achart	Achar
	D 5	accelerabant in	accelerabant ad
	E 1	de Burg	de Burch
	F 3	telo in pectore vulneratus est	in pectore fehlt.
469	A 2	virum nobilissimum	nobilissimum virum
	A 3	tenuerunt . . . . adducentes	retinuerunt . . . . abducentes
	B 1	prudens, nobilis et strenuus	prudens et nobilis et strennuus;
	D 1	in secunda	in ist über der Zeile einge-
			schaltet.
	E 3	Gentilium insidiis	insidiis gentilium
	. . .	periclitabantur	pereclitabantur

Seite	Zeile	Text der Ausgabe d. Recueil.	Text unseres Codex.
	E 4	turbatam	turbidam
	E 5	hirudinum	yrudinum
	. . .	de qua tamen	tamen *fehlt.*
	F 2	' aut de foedis	de *fehlt.*
470	A 1	vendebatur	vendebantur
	B 1	praedicto	predicti
	B 2	armenta	animalia
471	C 4	letania finito et oratione	letania orationeque finito
	D 2	protomartyris	prothomartyris
	E 4	grossitatis	grossitudinis
	F 1	et jactum	et ictum
	F 4	igne immisso	igne infixo
	. . .	materiei infixo	materiei inhcrente
472	C 1	aquam convocant, aquam conferunt, qua tandem	aquam convehunt, qua tandem
	D 4	protractum	protractum
	F 1	suo igni	suo igne
473	B 5	silices immanissimos	immanissimos silices
	C 3	una a machina	a *fehlt.*
	E 5	magnum leviter fieri posse	leviter magnum posse fieri
	F 1	hoc consilio	his consilio
	. . .	Christianorum principes	principes Christianorum
	F 2	in silentio ejusdem noctis	ejusdem *fehlt.*
	F 3	vel a Babylonia	a *fehlt.*
474	A 4	nuncia urbis defensoribus	nuntia defensoribus urbis
	C 3	eos fideles sibi ammonuisset milites	eos ammonuisset fideles sibi milites
	C 5	ad auxilium eis	eis *fehlt.*
	E 4	impugnare	expugnare
475	A 5	inventus est	est *fehlt.*
	C 5	Ducis lateri . . . . perculit	lateri ducis . . . . percussit
	E 4	machina	machine

Seite	Zeile	Text der Ausgabe d. Recueil.	Text unseres Codex.
476	A 1	cominus moenia et muros	comminus et menia et muros
	A 2	ac mangenae	et mangene
	A 4	ferire non possent	non fehlt.
	A 5	adducta	abducta
	B 4	stant imperterriti	imperterriti stant
	C 1	adversum	adversus
	C 2	munierunt in circuitu tectam	in circuitu tectam munierunt
	E 4	artificio	edificio
477	A 1	magnus factus est	magnus est factus est; das zweite est ist schwach radiert.
	B 4	mangenae Christianorum	Christianorum mangene
	C 4	erant propiores	erant propr ores; ursprünglich propriores, aus Versehen ist i getilgt und r stehen geblieben.
	E 1	conscendere	ascendere
	E 5	Salomonis	Salemonis
478	A 1	quadringentos	quadringenti
	A 5	descendentes	ascendentes
	B 4	ad auxilium	ad axilium
	C 3	ac discerpti	et discerpti
	E 4	fornacei	fornicei
	E 5	marmoreis	marmoreos
479	A 2	ac militibus	et militibus
	A 3	armenta	jumenta
	B 1	aquam omnibus habunde	aquam habunde omnibus
	C 2	confoderunt	confodierunt
	C 5	parcentes Gentilium	gentilium parcentes
480	A 2	opus Salomonis	opus regis Salomonis
	A 4	Salomonis	Salemonis
	B 4	videlicet in loco	eo in loco
	C 5	ostiolum	hostiolum

Seite	Zeile	Text der Ausgabe d. Recueil.	Text unseres Codex.
	E 4	devotione id venerantes utrumque inviolatum	devotione utrumque venerantes inviolatum; id *fehlt.*
481	B 4	propalatae sibi pecuniae	sibi propalatae pecunie
	B 5	velociter fugitivos insequentibus	fugitivos velociter insequentibus
	C 2	crudelitate	crudeliter
	C 4	Stabelone	Stabilone
	D 2	Domini nostri Jhesu	nostri *fehlt.*
	E 5	procera longitudine	procere longitudinis
482	B 1	dulcedine	dulcedinis suavitate
	D 4	benevolentiae	benivolentie
483	A 1	in solempni die	in die sollempni
	B 1	praecelsae domus Salomonis	domus precelse Salemonis
	C 4	animum illius	illius animum
	D 1	hodie propriis filiis	propriis filiis hodie
	D 5	in gravi fortitudine	in fortitudine gravi
	E 4	aut ingeniis illorum	aut ingenio illorum
484	A 1	producentes a vinculis	producentes e vinculis
	A 3	pepercerunt	pepercerunt
	B 4	quinquennii aut triennii	quinquennes aut triennes
	C 1	haec misericordiae et pietatis signa	hec pietatis et misericordie signa
	D 4	qua capta et victa	qua capta victa; et *fehlt.*
	E 1	quam a peregrinis	a *fehlt.*
485	B 1	in quo princeps	in qua princeps
	B 2	ejectus est ab urbe Jherusalem	ab urbe Jherusalem ejectus est
	B 5	templum sepulchri dominici	templum dominici sepulchri
	C 5	post ejectionem Turcorum	post Turcorum eiectionem
	E 1	introitum	introitus
486	A 5	humana voluntate fuisse credatur	humana voluntate facta fuisse credatur
	C 2	Riboario	Ribnario
	C 4	translatus ubi	translatus est ubi

Seite	Zeile	Text der Ausgabe d. Recueil.	Text unseres Codex.
	D 4	servo et fideli suo	servo suo et fideli
	D 5	benedictionem, ipse tibi et gratiam et benedictionem conferat, ut benedictionibus Dei viventis replearis	benedictionem et gratiam benedictionibus Dei viventis replearis
487	A 3	visionem hanc et	hanc visionem et
	A 4	principes et potentes	principes ac potentes
	. . .	ac comites	et comites
	B 1	nequaquam prosperum iter	nequaquam iter prosperum; prosperum *ist auf dem Rand nachgetragen.*
	B 3	universo illorum	universo eorum
	C 3	ex justitia Dei vera	ex justitia vera Dei
	D 1	ac sepulchrum Domini	ac domini sepulchrum
	D 2	moenia enim	menia etiam
488	A 5	Jhesus Christus	Christus Jhesus
	B 1	crucifixus, passus	crucifixus et passus
	B 3	magni et parvi	parvi et magni
	B 4	subditi sunt facti	subditi facti sunt
	D 3	exaltato in solio regni Jherusalem	in solio regni Jherusalem exaltato
	E 1	fabrili opere	fabrilis operis
489	B 2	ut etiam pastor	ut pastor etiam; ut *steht am Rand.*
	C 4	caritatis . . . . primoribus	Karitatis . . . . principibus
	D 1	aliquando bucones	interdum bachones
	D 2	meliora et cariora consequi	meliora et cariora *fehlt.*
	E 5	qui ad hoc	qui adhoc; *ursprünglich* quia adhuc; *das* a *von* quia *ist radiert, das* u *von* adhuc *in* o *oder auch* n (?) *verwandelt.*
	F 2	ecclesiae Jherusalem	ecclesie Jherosolimitane

10

Seite	Zeile	Text der Ausgabe d. Recueil.	Text unseres Codex.
490	C 1	Non enim hujusmodi	non enim hujuscemodi
	C 6	Flandrienai	Flandriense
	D 3	ut arena	ut harena
	D 4	adduxerint	abduxerint
	D 5	belli apparatum	apparatum belli
491	C 1	Hia ita dispositis	His itaque dispositis
	C 2	brevi intervallo	in brevi intervallo
	E 3	grandi	gravi
492	A 3	naribus truncatus	naribus truncatis
	B 2	modulatione	modulamine
	D 1	mors illis praesto sit	illis *ist über der Zeile nachgetragen.*
	E 1	populus Christianus	christianus populus
	E 4	hodie de corona	de *ist nachgetragen.*
	F 5	remuneratione	retributione
	G 2	cuncta pericula	pericula cuncta
493	A 5	et perennis	et perhennis
	E 4	denumerare	dinumerare
	E 5	ductoribus et magistris	ductoribus et sine magistris
494	A 3	sicut erant constitutae	sicut constitute erant
	D 4	ad praelium committendum	ad committendum prelium
	. . .	pedites et equites	equites et pedites
	D 5	Azopart	Azoparth
	. . .	suo more solent bellum	suo more bellum solent
	E 4	loricas et clipeos	et *fehlt.*
	F 2	genere bellico	genere armorum
	F 4	consummantes	consumentes
	. . .	manus exigua	manus *ist auf dem Rand nachgetragen.*
	G 1	conserens, hostiles acies attenuans et perimens	conserens et hostiles acies atterens et attenuans
	G 3	tetendit	tendebat

Seite	Zeile	Text der Ausgabe d. Recueil.	Text unseres Codex.
495	A 4	auxilii plurimum	plurimum auxilii
	A 5	Arabes vero et ceterae gentes	Arabes vero cetereque gentes
	C 4	plurimis vero portam	plurimis vero ad portam; ad *ist durchstrichen und unterpunktiert.*
	D 4	manus suas inferebant	suas *fehlt.*
	E 1	redundabat	abundabat
496	C 2	fortunati qui in porta	fortunati qui qui in porta; qui *steht zweimal.*
	E 3	operire cogebant	cogebant operire
497	B 4	signum regis Babyloniae	regis Babylonie signum
	C 4	Meraio	Meraius
	D 1	buflis, asinis	buflis et asinis
	D 2	bovibus	bobus
	D 5	referentes super omnibus	super omnibus referentes
	E 1	peditum et equitum	equitum et peditum
	E 2	Ascalonis	Ascalonie
	E 4	regis Babyloniae auxilio	Babylonie regis auxilio
498	A 2	ad defensionem in moenibus constiterunt	in menibus ad defensionem constiterunt
	B 3	assecutus	consecutus
	D 1	illi urbem aperirent	urbem illi aperirent
	D 2	ad auxilium illi	illi ad auxilium
	D 3	ad ducis impedimentum	ad impedimentum ducis
	E 5	Reimundum in castris	Reimundum subito in castris
	F 2	irato animo	animo irato
499	A 2	Nortmannorum princeps	princeps Nortmannorum
	B 2	collocata sit	collata sit
	D 2	et ecce	et eccce
	D 4	diuturno exilio	diutino exilio
	E 4	Ptolomaida	Ptholomaida
	. . .	Sidone, Tripla et Baurim, re-	Sydone et Baurim reliquis etiam

10*

Seite	Zeile	Text der Ausgabe d. Recueil.	Text unseres Codex.
		liquis etiam civitatibus, concessa est emendi et vendendi vitae necessaria licentia	civitatibus licentia concessa est vendendi et emendi vite necessaria
	F 2	urbesque eorum	urbesque earum
	F 3	donata est	collata est
500	F 1	ipsis pateret accessus	pateret ipsis accessus
	F 3	applicatis	applicitis
501	B 2	ducis Godefridi interventione	Godefridi ducis interventione; ducis *ist über der Zeile nachgetragen.*
	B 5	ut sic fidem inviolatam illi servaret	ut sic fidem illis inviolatam servaret; illis *ist über der Zeile nachgetragen.*
	C 2	ad regnum ejus	ad regnum illius; illius *ist am Rande nachgetragen.*
	C 3	quicquam	quidquam
	D 2	'in victoriam Dei	in victoria Dei
	D 4	nullamque Christianis ultra	nullamque ultra Christianis
	E 1	reditu christianorum Peregrinorum	christianorum *fehlt.*
	E 3	fratres adire .... festinat	fratres audire .... contendit
	F 2	castellis ac praediis	ac *fehlt.*
	F 3	filiisque ac filiabus	filiis ac filiabus
502	A 5	et colloquendi	ac colloquendi
	B 5	se excusavit	excusavit se
	C 1	totius ignari rei vestrae	totius rei vestre ignari; ignari *steht doppelt.*
	C 5	et Sarracenos	vel Sarracenos
503	C 2	Christiani exercitus	Christianorum exercitus
	D 3	cum omni manu sua	cum omni sua manu
	E 4	patefactus	patefactis
	G 1	Hierosolymitarum	Jherosolimitanorum

Seite	Zeile	Text der Ausgabe d. Recueil.	Text unseres Codex.
	G 3	collata est	concessa est
504	A 1	ordei et olei	olei et ordei
	C 1	inter duos comites	inter duos comitem
	C 5	Cono	Cuno

	Cap.		
505		Index capitum libri septimi.	Incipiunt capitula libri septimi.
	IX	mulctantur	multantur
	X	triginta equites Gentilium	XXX gentilium equites
	XI	iterum Babylonici	iterm Babylonii
	XV	incolumnis .... illustratur	incolomis .... honoratur
	XXVI	Geldemaro expulso	expulso Geldemaro
	XXVII	ad regnum Jherusalem vocatur	ad regnandum Jhernsalem evocatur
	XXIX	nil proficit	nil profici
	XXXII	cum paucis pergit	cum paucis obviam pergit
506	XXXVIII	solvit obsidionem	obsidionem solvit
	LXI	Cum .... militiam	Dum .... militem
	XLV	dux electus Antiochiam	Antiochiam dux electus
	XLVI	sedem apostolicam	apostolicam sedem
	XLIX	dolens Patriarcha	Patriarcha dolens
	LII	legationibus Gentilium	gentilium legationibus
	LVII	praestolatur	prestolatus sit
	LXV	Tres regis acies	Tres acies regis
	LXVII	episcopo crucem	episcopo G. crucem
	LXXI	militis optimi	militis egregii
		Fehlt.	Finiunt capitula
	Zeile		
507		Incipit liber septimus.	Incipit liber septimus historie Ilierosolimitane
	A 1	vulgariter	vulgaliter

Seite	Zeile	Text der Ausgabe d. Recueil.	Text unseres Codex.
	B 1	secum remanserant	secum remansere
	B 2	Montphilir	Montpehlir
	B 4	collocatis igitur	collocatis ergo
	B 5	spacio septem ebdomadarum	spacio VI epdomadarum
	C 2	Applicatis	Applicitis
	C 4	in media urbe	media in urbe
	D 1	praedictum Gerhardum	Gerhardum predictum
508	A 1	dux illustrissime	dux vir illustrissime
	B 5	morieris	moriaris
	C 1	Haec igitur . . . et se nulla	igitur *fehlt;* . . . et nulla se
	D 5	Gentiles vero	Gentiles autem
	E 2	qui minime	que minime
	E 4	mangonellis	mangenis
	F 1	expugnare . . . . pice immixta	repellere . . . . pice inmixta
509	A 2	in favillam redacti sunt et cinerem	in favillam et cinerem redacti sunt
	. . .	Inter quos	In quibus
	A 3	Franco	Franko
	B 2	cum habitatoribus	cum inhabitatoribus; in *ist über*
			der Zeile nachgetragen.
	B 4	praeclaro milite	milite preclaro
	E 5	urbem hanc	hanc urbem
510	A 2	amplius et stabilius	amplius et validius
	C 4	haec altera machina	altera hec machina
	D 3	virique	utrique
	D 4	jaculis, arcu	arcu, jaculis
	. . .	cives etiam in moenibus	cives in menibus etiam
	E 1	leni aura	levi aura
	E 3	aquam singuli	aquam in singuli; in *ist radiert.*
511	A 4	cum peditibus ducentis	cum CC peditibus
	C 5	Nortmannorum principis	Nortmannorum comitis
	E 4	pia eis oscula	eis *ist über der Zeile nachge-*
			tragen.

Seite	Zeile	Text der Ausgabe d. Recueil.	Text unseres Codex.
	E 5	Boemundo et Baldewino	Balduino et Boemundo
512	A 4	quam in argento . . . . et a cunctis primoribus ditatus et honoratus est	quam argento . . . cunctisque primoribus ditatus est atque honoratus
	A 5	miri et decori operis	miri decoris et operis
	B 5	Boemundum Baldewinumque	que fehlt.
	D 1	impetraverunt a Duce	a duce impetraverunt
	D 2	Epiphanine	Epiphanie domini
	E 1	Baldewinus et Boemundus	Balduinus ac Boemundus
513	A 5	qua illos	zwischen qua und illos ist ein et radiert.
	B 2	dux Godefridus	Godefridus dux
	C 3	universique habitantes in ea	et universi in ea habitantes
	D 4	domni Ammirabilis Regis	domni regis Ammirabilis
514	B 2	in insidias	in insidiis
	C 3	Illis vero	illis ergo
	D 4	cum pluribus equis	cum plurimis equis
	D 5	regressi sunt	sunt reversi
	F 1	ultra tributaria	ultra fehlt.
515	A 1	amplius adhuc	adhuc amplius
	A 3	Japheth	Jafeth; ebenso weiterhin.
	A 4	constituit muniri	muniri constituit
	C 1	civitates Gentilium	Gentilium civitates
	C 4	Caesarea, Ptolomaida	Cesarea et Ptholomayda
	D 5	secure	securi
	E 2	bisantiorum	byzantiorum
	F 1	vino, ordeo et oleo	ordeo, vino et oleo; ordeo ist nachgetragen.
	. . .	aut memorari	aut memorari possit
516	A 1	pariter et ipsi pacem	pacem et ipsi pariter
	B 4	Gentiles civitatibus suis navigio inferrent, unde civitates	Gentiles navigio suis civitatibus inferrent, es folgt eine Rasur

Seite	Zeile	Text der Ausgabe d. Recueil.	Text unseres Codex.
			der Wörter unde civitatibus inferrent, sodann: unde civitates.
	C 3	Sarraceni similiter nullam Christianis	Similiter Sarraceni Christinnis nullam
	D 3	Cum haec pax tanta	Dum hec pax tantum
	. . .	magis de die in diem	magis ac magis
	E 1	multis diebus jam	multis jam diebus
	E 5	in remunerationem	in remuneratione
417	A 3	Domini et quod	et *fehlt.*
	B 1	solvere dedignarentur	reddere dedignarentur
	B 3	terram et regiones	terram regionesque
	. . .	et undique praeda innumerabili	et preda innumerabili undique
	C 2	legationem in Damascum direxit	in Damascum *fehlt.*
	D 1	audita illius legatione	illius audita legatione
	D 2	post nimiam et diutinam	post diutinam et nimiam
	D 4	Tancredo vero	vero *fehlt.*
	E 3	alii graviter vulnerati	graviter *fehlt.*
	E 4	per loca campestria	loca *fehlt.*
	F 4	commiserunt	commiserint
	F 5	insecutoribus	persecutoribus
418	A 1	cum suis Tabariam pariter	Tabariam cum suis pariter
	A 3	a regione et terra	a terra et regione
	B 5	illi semper vires adesse, per aliquod	viris semper illi adesse, per aliquot
	C 4	plurima munera	munera plurima
	D 1	disertos ac	disertos et
	D 5	se servare non posse	servare ac non posse
	F 2	Grossus Rusticus, princeps regionis	princeps regionis Grossus Rusticus
	F 4	volens nolens eum Duce foedus	nolens volens fedus cum duce
	F 5	renuit	reuuuit

Seite	Zeile	Text der Ausgabe d. Recueil.	Text unseres Codex.
519	A 2	per Ptolomaidam et Caesariam	per Ptholomaydam et Cesaream
	A 3	ei prandium obtulit	prandium ei obtulit
	E 3	se praesentari	se presentare
520	A 4	Deo donante	Deo dante
	B 2	consilio facto cum eo	consilio cum eo facto
	B 4	Tancredus vero	vero *fehlt.*
	C 5	ducemque	que *ist über der Zeile eingeschaltet.*
	D 2	se fatebatur ab hac infirmitate	se ab hac infirmitate fatebatur
	D 3	Dominico sepulchro	sepulchro dominico
	E 2	applicuerunt Cayphas	Cayphas applicuerunt
	E 4	Post quatuor dies	Post quatuor deinde dies
521	A 2	Sarracenis, Arabitis	Arabitis, Sarracenis
	B 1	Domini nostri Jhesu	nostri *fehlt.*
	B 4	sicut erat decretum	sicut decretum erat
	C 1	et in sicco	et a sicco
	C 4	Applicatis	Applicitis
	D 2	armis exsurgentes	urbis exurgentes
	D 5	ferebat fidele	fidele ferebat
	E 5	qua poterat	qua potuit
	F 2	maneret	remaueret
522	C 1	aequiparari non possit	equiperari non posset
	E 3	quousque finem	finem *fehlt.*
	F 4	aut ex machina	ut ex machina
523	E 1	urbis moenia et ejus turres	urbis turres et ejus menia
	E 4	Abraham	Habraham
524	A 1	ceteri Judaei ac Gentiles	ceteri Gentiles et Judei
	B 5	ducis Godefridi	Godefridi ducis
	C 4	Duci fecerat cum Tancredo	cum Tancredo duci fecerat
	. . .	nulli regnum	nullum regnum
	D 5	Armenici ducis	Armenici principis
	E 3	longe ab urbis abesse obsidione	longe abesse ab urbis obsidione

Seite	Zeile	Text der Ausgabe d. Recueil.	Text unseres Codex.
525	C 2	modo in eo nimiam	modo nimiam in eo
	D 2	a Turcorum manibus	a manibus Turcorum
	E 2	Baldewini	Baldui; ni ist über der Zeile nachgetragen.
	F 1	metuens	ac metuens
	F 2	spacio dierum trium	spacio trium dierum
526	C 1	multis diebus	diebus multis
	E 2	Ramnes civitatis	civitatis Ramnes
	E 4	Rodulfo de Monzon, Joffrido	Ifidolfo de Monzon, Josfrido
	E 5	et Arnulfo	et ab Arnulfo
	F 5	Quapropter te unanimiter	Quapropter unanimiter te
527	A 1	adhibuit	adibuit
	B 3	sui generis	generis sui
	. . .	Rortest	Roitest
	C 1	Godefridi fratris sui, principis clarissimi	fratris sui Godefridi, clarissimi principis
	C 3	sit iturus	iturus sit
	D 5	primum Antiochiam	Antiochiam primum
	E 3	custodes et cives	cives et custodes
	E 4	et sapienter	ac sapienter
528	A 5	esset affutura . . . viam illi	affutura esset . . . illi viam
	. . .	decrevisset	decrevisset
	B 1	sola enim	sola etenim
	B 3	prae multitudine illorum	pre illorum multitudine
	C 5	et dilapsus est	ac dilapsus est
	D 1	qui remanserunt	qui remanserunt
	D 3	mecum ponentes	ponentes mecum
	F 4	jucunde	jocunde
529	A 3	his minis	hic minis
	B 5	ac renes ejus	et renes ejus
	E 3	consilium dedit	dedit consilium
	F 1	ac pro Jhesu nomine	ac pro nomine Jhesu

Seite	Zeile	Text der Ausgabe d. Recueil.	Text unseres Codex.
	G 1	de Camolla	de Camulla
	G 3	invaderet	invaderent
	. . .	haec econtra	hec *fehlt.*
	G 4	non est utile	est *ist über der Zeile nachgetragen.*
530	B 5	plurimum exercitum	plurimum exercitus
	C 4	suis adesse	suis prodesse
	E 1	saporis	soporis: *ist auf dem Rand nachgetragen.*
	. . .	refocillati	refocilati
	F 2	ac tetrarcha	et tetrarcha
	F 4	Geneadoilque	Geneadolque
	H 2	Gibilotque	Gybelothque
	H 4	hospitio et alimonia	hospicio *ist über der Zeile nachgetragen.*
531	C 1	vir illustris Baldewinus	Balduinus vir illustris
	C 2	Falchenberch	Falkenberg
	C 5	perfidia aut	perfidia seu
	D 1	Rodolfus	Rudolfus; *ebenso folgende Zeile.*
	D 4	res innotuit	res *ist über der Zeile nachgetragen.*
	E 1	adhuc hospitio	hospitio adhuc
	E 3	in ira ab Jherusalem	ab Jherusalem in ira
	E 5	nunciaverunt ei	ei *ist über der Zeile nachgetragen.*
532	C 1	parvis et magnis de omni coetu	magnis et parvis de universo cetu
	C 4	beneficia	benificia
	E 1	gloriose in throno Jherusalem	in throno *fehlt.*
	E 2	milites et principes	principes et milites
533	A 3	nona diei hora	noua hora diei
	B 2	virtus subito	subito virtus
	D 2	deperire	perire

11*

Seite	Zeile	Text der Ausgabe d. Recueil.	Text unseres Codex.
	F 1	invenirent et vitam	et vitam invenirent
	F 2	ac squalidos	et squalidos
534	A 4	mirabili arce	mirabili arte
	C 4	benigne se tractare	se benigne tractare
	D 2	suis complicibus	complicibus suis
	D 3	et largitate	ac largitate; ac *ist auf einer Rasur nachgetragen.*
	E 2	ex ejus ore	ex ore ejus
	E 3	capitalem omnes	omnes capitalem
	F 2	ipsa spe a suo	ipsa spe captos a suo
	G 1	nullus e specu	nullus de specu
	G 2	elicere	cicere
535	B 1	fumo et calore	calore et fumo
	C 2	requievit	re *ist über der Zeile nachgetragen.*
	C 3	illic magnam	magnam illic
	E 3	asinorum, camelorum	camelorum, asinorum
	E 4	illic reperientes	reperientes illic
	F 2	pericula pertulerunt	pertulerunt pericula
	F 3	quarum immanitate	quorum immanitate
536	C 2	sine impedimento	sine *ist über der Zeile nachgetragen.*
	C 5	urbs Susumus	urbis Susumus
537	B 2	in throno suo	in trhono suo
	C 5	querimonia accepta	accepta querimonia
538	A 1	inter se diversis consiliis habitis	diversis inter se consiliis habitis
	A 3	diffinire	definire
	A 5	Tancredo ab Antiochia	ab Antiochia Tancredo
	D 2	intra	infra
	D 5	Falchenberch	Falkenberch
	E 4	cum omni suo equitatu	suo *steht auf dem Rand.*
	F 1	perfidia quam	perfidia qua

Seite	Zeile	Text der Ausgabe d. Recueil.	Text unseres Codex.
	F 3	externus sangnis	externus sanguinis
	. . .	possideret Regnum	regnum *fehlt.*
539	A 1	Paschalem	Pascalem
	A 4	omnibus modis	modis omnibus
	B 1	religionis ac fidei	fidei ac religionis
	E 1	'in via qua a Rohas	a *ist über der Zeile nachgetragen.*
	E 3	totius Hierosolymitanae Ecclesiae	totius sancte Jherosolimitane ecclesie
	F 1	dataeque sunt ei adhuc	dateque ei adhuc sunt
540	A 2	Paschae . . . . chrisma	Pasce . . . . crisma
	B 3	Patriarcha itaque	Patriarcha namque
	C 1	et viliter	ac viliter
	D 2	quia defectione plurimum angustiatus	quia plurimum defectione angustiatus
	D 3	hac modo	hac domo
	D 4	laborem militum	militum laborem
	E 3	sua justitia	justicia sua .
	E 4	sicque	sicque; *das erste q ist zu einer Art von c radiert.*
541	A 1	hoc tempore ut officio	ut hoc tempore officio
	A 5	celebrare	celebrari
	B 5	officio celebrare	celebrare officio
	C 2	ex oblationibus Fidelium	ex fidelium oblationibus
	C 3	Rege omnia tamen haec ignorante	omnia tamen hec rege ignorante
	E 2	Ascalona	Ascalonia
542	A 1	regis eorum	regis illorum
	A 5	universis suis civitatibus	universis civitatibus suis
	. . .	regem Baldewinum	Balduinum regem
	B 3	de redemptione	pro redemptione
	. . .	in faucibus artissimis	in artissimis faucibus
	B 4	adductos	abductos

Seite	Zeile	Text der Ausgabe d. Recueil.	Text unseres Codex.
	B 5	cum suis optimatibus iniit	iniit cum optimatibus suis
	D 1	classis Genuensinm	classes Genuensium
	D 4	devotione	religione
	D 5	expugnare eis liceret	eis fehlt.
	E 3	litore	littore
	E 5	componere quaerebant	querebant componere
543	A 1	suorum consilio	consilio suorum
	C 4	undique suorum	undique circa eum suorum
	D 1	acsi silva	ac silva
	D 2	inter frondium densitates	inter densitates frondium
	D 4	componens machinam	machinam componens
	F 1	ex mandato Regis assunt	assunt ex mandato regis
	F 2	coram Rege et Patriarcha	coram patriarcha et rege
	F 5	relatum est	est fehlt.
	G 3	constitutus est	est constitutus
544	A 2	pro thorace	pro torace
	A 3	manus Christianorum	manus pugnatorum
	A 5	muro applicatis	muro applicitis
	C 1	tam mangenellis	tam magnellis
	C 2	diversa civitatis loca tremebundi	diversa loca civitatis trebundi
	C 3	similiter scalis	scalis similiter
	C 4	auri, argenti	auri et argenti
	E 3	Ptolomaidae	Ptholomayde
	E 4	membrorum remisit	remisit membrorum
545	A 1	bellum cum eo	cum eo bellum
	A 5	Godefridi ducis	ducis Godefridi
	B 3	Caypham	Cayphas
	D 1	secum retineret	secum teneret
	D 4	Deo inibi famulantium	inibi Deo famulantium
	E 4	profiteri Patriarcham	patriarcham profiteri
	F 2	Patriarcham vehementer	vehementer patriarcham

Seite	Zeile	Text der Ausgabe d. Recueil.	Text unseres Codex.
	F 4	et universam	et universum; *das letzte u un-deutlich in a verbessert.*
546	A 3	sepulcri ... dividerent pro velle	sepulchri ... pro velle dividerent
	B 1	saepius Patriarcham	patriarcham sepius
	B 5	atque secure	ac secure
	D 1	pulsato ostio	pulsato hostio; h *ist radiert.*
	D 3	die ac nocte	nocte ac die
	F 4	calicem angustiarum, quem bibituri sumus et bibimus, hoc tempore nobiscum bibetis	calicem, quem bibituri sumus et bibimus, hoc tempore angustiarum nobiscum bibetis
547	A 3	non minus Patriarcha	patriarcha non minus
	C 2	asperam responsionem	responsionem asperam
	C 5	potius Christiani milites	Christiani potius milites
	D 4	evellam et altari	et altari evellam
	F 2	hypocrisin	ypocrisin
	. . .	magis de die	magis *fehlt.*
548	A 3	coram Rege astitit [1])	coram rege assistit; rege *ist über der Zeile eingeschaltet.*
	A 5	animae suae	anime ipsius
	B 2	inibi Deo	Deo *ist über der Zeile nachge-tragen.*
	B 5	totum sibi solus	totum solum sibi
	C 4	ac privati illius et conscii	ac privati et conscii illius
	D 2	explevit	adimplevit
	D 4	capti ac retenti	capti et retenti
	E 2	numero et pondere	pondere et numero
549	B 2	regni ejus	regni sui
	B 3	urbem Joppe	urbem Joppen

1) Die Varianten zu Recueil p. 546 A 3 bis C 4 beziehen sich auf jenes cap. 62 des siebenten Buches, welches sich, wie oben erwähnt, in unserm Codex an den Schluss des zehnten Buches verirrt hat.

Seite	Zeile	Text der Ausgabe d. Recueil.	Text unseres Codex.
	. . .	ejusque moenia	cujusque menia
	B 4	cum trecentis tantum equitibus	tantum ist nachgetragen.
	C 1	ergo dehinc facto	dehinc steht auf dem Rand.
	C 2	occupare	occurrere
	D 1	haud procul absistentes inimicos	inimicos haut procul absistentes
	E 3	Erkenboldus .... evaserunt	Erkengoldus .... evaferunt
	E 5	diu graviter	graviter diu
550	C 5	manibus ipse sic me Dominus Deus	ipse fehlt; Deus ist über der Zeile nachgetragen.
	D 1	de hac perfidia	de perfidia hac
	D 4	Dominici deinde	Domini ei deinde
	E 5	illorum multitudine	multitudine illorum
551	A 2	operatus	operatus est
	A 3	hostium globos	hostium stand zweimal; an zweiter Stelle radiert.
	. . .	occisorum cadaveribus	cadaveribus occisorum
	A 5	caput illius	caput ejus
	B 3	quae etiam ipsum	que ipsum etiam
	B 5	sic uterque	sieque ambo
	C 5	utrinque a bello se continuerunt	utrinque se a bello continuerunt
	E 1	et quarta	ac quarta
	E 5	insipienter et audacter	audacter et insipienter
552	A 4	securi et gaudentes	secure et gaudentes
	D 4	liberare nos, sicut et heri	nos liberare; et fehlt.
	E 5	spe aeternae vitae	spe vite eterne
	F 5	Ascalona	Ascalonam
	G 3	paucissimis	pacissimis
553	A 5	campos Ascalonis	campis Ascalonis
	D 2	acutissimi gladii	gladii acutissimi
		Fehlt.	Explicit liber VII.

12

Seite	Zeile	Text der Ausgabe d. Recueil.	Text unseres Codex.
	E 5	sicuti erant	sicut erant
561	A 3	assumpta	sumpta
	A 5	Capadociae	Cappadotie
	C 1	emendi et vendendi illis	illis vendendi et emendi
	C 3	contradictionem	interdictionem
562	A 4	et incorrigibilibus	ac incorrigibilibus
	B 1	injuriarum praeteritarum	preteritarum injuriarum
	. . .	inferebat	referebat
	D 1	datis et ostri	et ostri datis
	D 5	solerti providentia	sollerti providentia
	E 1	molestatis	molestatus
	G 1	Conradus . . . Henrici	Cûnradus . . . Heinrici
	G 3	et donis magnificis	et magnificis donis
563	A 5	Engelrandus	Engilrandus
	B 2	Dodo	Dûdo
	C 2	partibus mundi congregati in unum circiter ducenta milia sexaginta	mundi partibus in unum congregati circiter CCLX milia
	D 2	continuarent	continuantes
	D 5	incessit ac primus exercitus	ac primus incessit exercitus
	E 5	Corrozana	Corruzaua
	F 1	Baldach . . . . Corrozana	Baldac . . . . Corruzana
564	B 1	Christianis epulantibus	peregrinis epulantibus
	B 2	incestae agentibus commixtionis	inceste comixtionis agentibus
	B 5	funditus munitionem	munitionem funditus
	C 2	mortis periculum	periculum mortis
	. . .	Hoc itaque castello . . . restituto . . . . et injusta Turcorum invasione	Hoc itaque castellum . . . restituentes . . . et injusta invasione Turcorum
	C 5	propter munitionem ejus	propter ejus munitionem
	D 4	remanserat	remansit
565	C 2	die illuscente	die exorta

Seite	Zeile	Text der Ausgabe d. Recueil.	Text unseres Codex.
	C 5	statuere custodes	custodes statuere
	D 1	Stephanum ducem	Stephanum *fehlt.*
	D 4	suae diei	sue diei
	E 1	in sagittis	in *fehlt.*
	E 2	amplius suorum quam tres	amplius quam tres suorum
	G 1	illuc convenisse	illi advenisse
566	A 1	redientes	redeuntes
	. . .	dividi nullatenus aut	dividi aut nullatenus
	A 4	dies continuos	continuos dies
	B 3	mutuari posset	posset mutuari
	C 2	periclitabatur ceteris	ceteris periclitabatur
	C 4	ceteros gravis inopia	ceteris gravis inopia
567	A 3	sex continuis diebus	sex diebus continuis
	B 1	expleti sunt	completi sunt
	C 2	castra ad quiescendum	ad quiescendum castra
	C 4	utrinque grave praelium commissum est	utrimque grave prelium commiserunt
568	A 2	Maresch civitatis	civitatis Maresch
	A 4	comminuentes sine aliqua mora	sine aliqua mora comminuentes
	C 3	exercitus quietus et lugens	quietus *fehlt*; exercitus et lugens
	C 4	Dominica similiter die	Similiter dominica die
	D 1	primo mane radiante	mane *fehlt.*
	. . .	Mediolanensium episcopus	episcopus Mediolanensium
	D 2	divino spiritu tactus	divino tactus spiritu
	E 1	episcopi Mediolanensis	Mediolanensis episcopi
	E 5	Turcopolos	Turcopoleos
	F 1	Bawarios	Baioarios
	F 2	Engelradus	Engilraudus
	F 4	ordinaverunt	ordinarunt
569	A 4	usquequaque dextris	usquequaque a dextris
	B 1	callide	callidi
	D 4	fugitivis sociis	fugitivis fratribus

12*

Seite	Zeile	Text der Ausgabe d. Recueil.	Text unseres Codex.
	E 1	suorum multitudine	multitudine suorum
	E 3	in sua acie erant	in sua erant acie
	F 5	altus corpore	corpore altus
	G 5	tota Turcopolorum manus	tota manus Turcopolorum
570	A 3	irrecuperabilem	inreparabilem
	A 4	remanens sibi imminentis	sibi imminentis remanens
	B 2	cum suis resistere conabatur	resistere cum suis conabatur
	C 1	diffugium fecisse	fecisse diffugium
	E 3	Conrado	Cunrado
	F 2	ecce vix primo	ecce viri primo
	F 3	cum suis omnibus	cum omnibus suis
571	D 3	in conclavi et carcere	in carcere et conclavi
	D 5	Corrozana	Corrozona
	E 1	quicunque semel captivi illuc	quicumque captivi illuc semel
572	D 1	innumerabilia ostra	ostra innumerabilia
	. . .	mirifici decoris	miri decoris
	D 5	incomputabili auro	auro incomputabili
573	C 3	Conradus	Cunradus
	C 5	Bardulfus	Bardolfus
	D 1	effugere poterant	poterant effugere
	F 1	persequuti sunt	persecuti sunt
574	A 4	Engelrandus	Eugilraudus
	A 5	Arnulfus	Arnolfus
	B 1	de Castellens	de Castelens
	B 5	Conrado	Cunrado
	C 5	et cunctis	et cunctos
	D 2	refocillari . . . . opulentia	refocilari . . . . affluentia
	D 3	vitae necessariarum	vitae fehlt.
575	A 2	qui vocatur Braudiz	qui vocatur ist auf dem Rand nachgetragen.
	A 3	femineo sexu	sexu femineo
	A 5	Salanicam	Salonicam

Seite	Zeile	Text der Ausgabe d. Recueil.	Text unseres Codex.
	B 2	praeda, rapina	rapina preda
	E 1	Civitot	Civitoth
576	B 5	triduo exercitum	triduum exercitum
	D 1	saepius remittebant	sepius remittebant; re ist über der Zeile eingeschaltet.
	D 3	defensi, Stanconam descenderunt	defensio; o ist radiert; Stanconam pervenerunt
	E 3	intolerabili adeo	adeo intolerabili
577	A 5	dirutam et habitatoribus vacuam	vacuam habitatoribus et dirutam
	B 5	grave praelium	prelium grave
	C 1	suo sanguine	sanguine suo
	D 2	Robertus	Ruopertus
578	A 2	Corrozanam	Corrozana
	C 3	rebus suis exspoliaverunt	suis fehlt; expoliaverunt
	E 1	agnoscens	ingemiscens
	E 5	sicut devovit	sicut devorerat
	F 1	tempore veris inchoante	inchoante fehlt.
579	A 4	Welfone	Welphone; ebenso weiterhin.
	A 4	Osterrich	Hoisterrich
	B 3	Guz	Guzh
	C 3	praelium commissum est	commissum est prelium
	C 4	Rodulfus	Rudolfus
	C 5	Hardewinus	Harduinus
580	C 1	et inde iter	inde fehlt.
	C 2	amoena prata	amena loca
	C 5	universi tam homines	universi fehlt.
	D 1	segetes Turci a facie hujus multitudinis	segetes a facie hujus multitudinis Turci
	D 5	Phiniminum scilicet	scilicet Phiniminum
581	A 4	Caratyx	Caratix
	A 5	cum copiis infinitis	cum infinitis copiis
	B 1	litore	littore

Seite	Zeile	Text der Ausgabe d. Recueil.	Text unseres Codex.
	B 4	saevissimamque, quae	sevissimam, que; *das* Suffix que *fehlt.*
	D 5	illic exstincta	illinc extincta
582	B 5	comitis Pictaviensium, Welfonis	comitis Pictavensis, Welphonis
	C 3	Conradus	Cünradus
	C 5	Pictaviensis	Pictavensis
	. . .	Bawariorum	Bavvariorum
	D 1	Manasses	Manasses
583	A 2	egressi sunt	regressi sunt
	A 4	moenia ipsius	ipsius menia
	. . .	quod vir cautus	vir *ist über der Zeile nachge-tragen.*
	C 3	mortuus est et sepultus	mortuus et sepultus est
	D 2	ex legatione praemissa	ex premissa legatione
	D 3	absque tam nominati	tam *ist über der Zeile nachge-tragen.*
	E 3	Paschae	Pasce
	E 5	Conradus . . . . paulo	Cuuradus . . . . paululum
	F 2	adjuncti sunt	sunt *ist radiert.*
584	A 2	sollempnitatem sanctam	sanctam sollempnitatem
	B 1	Hierosolymitanae ecclesiae	ecclesie Jherosolimitane
	D 1	non eos secure	eos non secure
	D 5	Barzennona	Barcinona
	E 1	Imperator vero universam peti-tionem	vero *fehlt;* petionem
	E 3	faciens jusjurandum in Dei no-mine	jusjurandum in Dei nomine fa-ciens
585	A 1	amare et honorare	honorare et amare
	A 2	Barzennona . . . . Paschalem	Barcinona . . . . Pascalem
		Fehlt.	Explicit liber VIII.

Seite	Cap.	Text der Ausgabe d. Recueil.	Text unseres Codex.
587		Index capitum libri noni.	Incipiunt capitula IX.
	VI	expugnata turri	expugnata turre
	. . .	Conradum stabularium captivantes	Cunradum captivantes stabularium
	VIII	regis uxorem obsidione terruerunt	uxorem *fehlt*; terruerint
	XI	De classe Christianorum	*Fehlt ganz, wie in allen Codices.*
	XII	tria milia ex eis	CCC ex eis milia
	XVI	reinvestitura	investitura
	XVIII	partim ab hostibus	ab *fehlt*.
	. . .	interierunt	interierint
	XIX	Baldewinus rex	rex Balduinus
588	XXIII	Japhet, Christiani	Jafeth D Christiani
	XXIV	consumpta est	consumpta sit
	XXVII	cum eo urbem Accaron . . . vexaverunt	cum eo pariter urbem Accaron . . . vexaverint
	XXX	jugulaverunt	jugulaverint
	XXXII	Triplam	Trypolam
	XXXIII	Alexius	Alexis
	XXXVI	consilio amicorum	amicorum consilio
	XLIX	advocato . . . . confortatus	advocato; ad *ist über der Zeile nachgetragen*; confortans
	LI	rex Baldewinus . . . . Ascalonia *Fehlt*.	Balduinus rex . . . . Aschalonia Expliciunt capitula.
591	Zeile A 5	Falkenberc	Falkenberg
	B 1	Gutmannus de Brussella, Rodulfus	Gutmannus de Brûscla, Rudolfus
	B 2	Hugo Botuns	Hugo de Botuns
	. . .	Winthine	Wintine
	B 4	caritatis et plenitudine	et *fehlt*.
	C 2	Appropinquante	Appropianto

Seite	Zeile	Text der Ausgabe d. Recueil.	Text unseres Codex.
	D 2	quin omnia	quin etiam omnia; etiam ist über der Zeile nachgetragen.
	D 4	ejusdem civitatis	ejus civitatis
592	A 2	in Jherusalem	in civitatem Jherusalem
	A 5	omnia sata .... consumpsissent	sata omnia .... consumpsisset
	C 3	appropiabant	appropinquabant
	C 4	Jherusalem in virtute hac	in virtute hac Jherusalem
593	A 1	Rodulfus .... Winthine .... Gerhardus	Rudolfus .... Wintine .... Gerardus
	A 2	brevis statura	brevi in statura
	A 3	Pictaviensi	Pictavensi
	B 3	milia Christianorum illis	Christianorum fehlt.
	B 4	infortunio Regis	regis infortunio
	. . .	suorum interitu	suo interitu
	B 5	civitatem Japhet	Jafeth fehlt.
	C 3	propter infirmitatem urbis	propter urbis infirmitatem
	D 2	per montana fuga	fuga per montana
	D 4	non posse evadere	evadere non posse
	E 1	vulneratus	sauciatus
	E 5	aestimabat enim eum cum ceteris	estimabat enim cum ceteris eum
594	B 3	Conradus	Cũnradus
	C 5	a veridicis illic testibus	a veridicis testibus illic
	D 4	eam habitantes	eam inhabitantes
	E 1	metu fluxu	metu fluxu
	E 2	Gutmannus ... Brussella	Gũtmannus-Brüsela
595	A 3	Conradus	Cũnradus
	A 4	Ascalona	Ascalonam
	B 4	esse regis Baldewini	regis esse Balduini
	C 2	omnibus suis rebus	omnibus rebus suis
	F 1	nunc Japhet dicitur	nunc dicitur Jafeth
596	A 2	pateret omnium oculis	omnium pateret oculis; pateret ist über der Zeile nachgetragen.

Seite	Zeile	Text der Ausgabe d. Recueil.	Text unseres Codex.
	A 3	de ejus morte	ejus ist über der Zeile nachgetragen.
	A 5	sit receptus	receptus sit
	B 2	ut Sarracenos circumsedentes lacesseret	ut lacesceret Sarracenos circumsidentes
	B 4	cognito Rege	cognito autem rege
	C 5	reiteraverunt	iteraverunt
	D 4	Hardewerk	Hadevverk
	E 3	Dei clementia	clementia Dei
	E 4	civibus et ipso rege	civibus cum ipso rege
597	A 1	Deo providente	Deo protegente
	D 2	absorpti sunt	absorti sunt
	D 3	die hac	hac die
	. . .	periisse	perisse
	E 1	habentes	habentibus
598	B 1	ad ipsam unanimiter	unanimiter ad ipsam
	B 5	positis castris pernoctantes	castris *fehlt.*
	C 3	Septembri	Septembre
	D 3	procerum comitatu	egregiorum virorum comitatu
	. . .	ab ipso Rege	ab eo rege
	D 5	consilio inito	*fehlt an dieser Stelle; steht nach* Carpentarius.
599	B 1	regis Babyloniae	Babylonie regis
	B 2	ab urbe erupit	ab urbe prorupit
	D 1	episcopis et abbatibus	et *fehlt.*
600	A 2	pecunia et oblatione	oblatione et pecunia
	B 1	Abbas etiam	etiam *ist am Rand eingeschaltet.*
	B 3	consedisse	sedisse
	C 2	inobediens et rebellis	rebellis et inobediens
	. . .	in pertinacia	et in pertinatia
	D 2	regressi sunt	reversi sunt
601	A 1	remis et velis	velis et remis

Seite	Zeile	Text der Ausgabe d. Recueil.	Text unseres Codex.
	A 4	serenitas coeli	coeli fehlt.
	B 5	Die Worte Fuerunt . . . per- libetur	stehen im Codex am unteren Rand.
	D 2	Accaron civitatem	civitatem Accaron
	E 2	ebdomadarum	epdomarum [da]
	E 4	difficiles impetus	impetus fehlt.
	E 5	vita impetrata reddere urbem	impetrata vita urbem reddere
	F 5	Regis ipsius	ipsius regis
	G 2	quae est Sidon	que est Assur
602	A 3	pice et stuppis	et fehlt.
	A 4	sagittas assiduo desuper	assidue ist am Rand einge- schaltet.
	B 4	supra centum	super centum
	B 5	vehementius coepit	cepit vehementius
	E 4	descendit	ascendit
603	A 1	Tunc forte quidam	Tunc quidam forte
	B 5	ammonuit	ammouet
	C 3	Albertus	et Albertus
	F 1	crederetur exspirasse	expirasse crederetur
	. . .	ut viderunt commilitones	commilitiones ut viderunt
	F 4	devia loca	loca fehlt.
604	A 1	vulneratione et aggravatione	et steht im Codex exccimal.
	B 2	naves duae	duae naves
	C 3	et nimio onere	nimio fehlt.
605	C 1	terrerent	terreant; ant ist getilgt und auf den Rand rent gesetzt.
	E 2	sed ipsi	sed et ipsi
	E 3	satis et vincis	satis ac vincis
	F 1	adorandi Jherusalem	adorandi in Jherusalem
	F 2	civitatem Gibiloth	civitatem fehlt; Gybeloth
606	A 1	vires eorum	vires illorum
	A 2	civibus Sarraconis	Sarracenis civibus

Seite	Zeile	Text der Ausgabe d. Recueil.	Text unseres Codex.
	B 5	Ptolomaidam, quam nunc Acram vocant	Ptolomaydam, quam nunc vocant Acram
	D 2	manus et vires	vires et manus
	D 5	urbs in potestate Regis	urbs in regis potestate
	E 4	locutus est	est locutus
607	A 3	nec urbem nec vitam	nec vitam nec urbem
	B 4	civibus exitus pacificus, datis dextris, daretur	datis dextris pacificus exitus civibus daretur
	E 2	princeps vero	principes vero
	E 5	supellectili	suppellectili
	F 3	Populus vero Galliae	populus autem Gallie
608	A 1	praevaricari	prevaricati
	A 5	vulgariter	vulgaliter
	B 1	Septembri	Septembre
	B 4	lacessere	lucescere
	B 5	nomine Altaspata	cognomine Altaspata
	D 5	iter moverunt	moverunt iter
	E 1	Matthaei	Mathei
609	A 2	et reducerent	ac reducerent
	E 2	comminatus est ibidem punire	ibidem comminatus punire
	F 3	aliquas illic insidias	aliquas insidias illic
	F 5	clamore aggressi ac impetu	clamore ac impetu aggressi
	H 2	sui militis decollati	sui decollati militis
	H 3	quae haec audierunt	qui hec audierunt
610	B 1	frequenter illis adesset	illis frequenter adesset
	C 2	Ptolomaidae	Ptholomayde
	. . .	hujus novi praesidii	hujus presidii novi
	C 3	sanctae Mariae Dei genitricis	sancte Dei genitricis Marye
	D 1	Ptolomaida	Ptholomaydam
611	A 1	Donimannum comprimorem suum	comprimorem suum Donimannum
	A 3	in bellis	in *ist über der Zeile eingeschaltet.*

13 *

Seite	Zeile	Text der Ausgabe d. Recueil.	Text unseres Codex.
	B 5	rememorare	rememorari
	F 5	Alexio	Alexi
	G 5	libertati pristinae	pristine libertati
612	B 4	in his partibus	in partibus his; in *stand zweimal, ist an erster Stelle gestrichen.*
	C 4	utrinque	utrinque
	D 1	in tua virtute et nostra	in virtute tua et nostra
	D 5	et bonis promissis	bonis *fehlt.*
	F 2	Dehinc post	chine post; D *ist, wie es scheint, für den Maler angedeutet, von diesem aber übersehen worden.*
	F 3	consilium et petitionem	petitionem et consilium
613	B 1	de ejus redemptione	de redemptione ejus
	B 3	locum praenotatum	locum prenominatum
	B 4	die determinata	determinata die
	D 4	Corrozana	Corrozona; *ebenso weiterhin, jedoch abwechselnd mit Corrozana*
	F 2	plurimumque	et plurimum
	G 2	tuam gentem	gentem tuam
	G 4	pro nichilo tenuisti	pro nichlo habuisti
614	B 2	frater vero Socomanni	frater Sochomanni; vero *fehlt.*
	B 5	sexaginta milium	LX milia
	D 3	Hujus vero legatione	vero *ist nachgetragen.*
	E 3	Baldewino comiti	comiti Baldnino
615	B 3	constiterunt	constituerunt
	C 5	Cortona, qui	Cortona, que
	D 2	equis velocissimis	equis rapidissimis
	E 5	equorum velocitate	velocitate equorum
	F 1	rapido in impetu	in *fehlt.*
	F 3	eis in faciem occurrerunt	eis in faciem eis occurrerunt; *das zweite eis ist radiert.*

Seite	Zeile	Text der Ausgabe d. Recueil.	Text unseres Codex.
616	A 1	acceleratus	accelerans
	B 3	huc die	ac die
	C 4	in plorationem et lamenta	in lamenta et plorationem
	E 5	captione Baldewini	Balduini captione
617	C 2	et Turci minime	et minime Turci
	E 2	adeuntes	considerantes
	E 5	oppressis et obsessis	obsessis et oppressis
618	A 2	raptim collectis equitibus	raptim equitibus collectis
	A 4	difficultate montium et itinere	difficultate locorum et montium vel itinere
	C 2	ad castra Turcorum	Turcorum *fehlt.*
	C 3	somniantes secure	secure somniantes
	F 2	ac profugis	et profugis
	F 3	Dei clementia et nutu	Dei nutu et clementia
	F 4	campos potenter	potenter campos
619	B 2	victoria hac Dei	*Zwischen* hac *und* Dei *ist ein* et *radiert.*
	B 4	Rohas civitatem	civitatem Rohas
	C 2	matronae captae	capte matrone
	E 1	Boemundus et Tancredus	et *fehlt.*
620	A 1	Bona enim et blanda	blanda enim et bona
	A 3	virum redimendi	vrum redimendi
	C 2	Alexium regem Graecorum	regem Grecorum Alexim
	D 1	urbem Antiochiam	urbem Antiochie
	D 2	effugato, plurimis	effugato ac plurimis
	F 4	ex ammonitione Pontificis	ex pontificis ammonitione
621	A 4	Domini Jhesu Christi	Christi *fehlt.*
	A 5	pariter in fugam versae	in fugam pariter verse
	C 1	gratias et laudes agentes	et laudes *fehlt.*
	F 3	ipse simul cum	simul *fehlt.*
	F 4	Giuntfridus	Giunfridus
	F 5	Giutmannus de Brussella	Giûtmannus de Brûsella

Seite	Zeile	Text der Ausgabe d. Recueil.	Text unseres Codex.
	G 2	Hastrut	Hastrüt
622	A 1	Turcorum sagittariorum	sagittariorum Turcorum
	B 2	ad opem undecumque contraxisset	undecumque ad opem contraxisset
	. . .	a campis Ascalonis	a campis Ascalona
	B 3	Habilin	Abilin
	E 1	ceteris fidelibus	ceteris fratribus
	F 1	iu hac terra	hac in terra
623	A 5	quae est extrema	est *ist nachgetragen.*
	C 2	cum omnibus suis exuviis	cum omnieus exuviis suis
	D 3	fugam et	fugam atque
	D 4	ammiraldi decollati	decollati ammiraldi
	. . .	fuga et strage	fuga ac strage
	F 3	exercitui	exercitu
	F 5	semper affluebant ad auxilium	ad auxilium semper affluebant
	G 1	illorum	eorum, *stand ursprünglich zwei-mal, an zweiter Stelle radiert.*
624	A 3	Habilin	Abilin
	D 4	pabulo devastare non suffecit	devastare *fehlt.*
625	C 2	ut forte inventum	ut inventum forte
	C 3	juvenis autem gloriosus	juvenis quidem gloriosus
	D 5	defatigatum	defetigatum
	E 2	caput ejus in signum victoriae praecisum	caput ejus precisum in signum victorie
	G 1	exhibentes	exibentes
626	A 3	ad adorandum Jherusalem	ad adorandum in Jherusalem
	C 1	intuentium illud	illud intuentium
	C 4	sua dampna	dampna sua.
		Fehlt.	Explicit liber X; X *steht zwi-schen zwei Rasuren, die die Buchstaben* V(X.DEC *ent-hielten.*

Seite	Cap.	Text der Ausgabe d. Recueil.	Text unseres Codex.
627		Index capitum libri decimi.	Incipiunt capitula decimi.
	I	poposcerit	petierit
	II	cum magno gaudio	magno *fehlt.*
	V	sociis ejus	ejus *steht zweimal im Codex.*
	IX	Tabariae commorante	Tabariam demoranto
	XI	et militia ejus	et *steht zweimal;* militum ejus
	XIV	diruerunt	diruerint
	XVII	Rorgius	Rorgus
	XVIII	persequuntur	persecuntur
	XIX	Brodoan implorante	Brodoan principis imploraute
	XXI	dederunt	dederint
628	XXIV	principis occisi persecuti sint	occisi *fehlt;* persecuti sunt
	XXV	cum quindecim	cum VI
	XXVI	De quinque Turcis	De VI Turcis
	XXXI	adeptus victoriam	adepta victoria
	XXXVI	juxta Jordanem	circa Jordanem
	XXXVII	per Gezelinum	per Gozelinum
	XXXVIII	Baldewinus .... principis Tur-	Balduinus comes .... Turcorum
		corum	principis
	XLI	Dyrachium	Dirachium
	. . .	in Italia commorante ... Dyra-	Italiam commorante .... Di-
		chii	rachio
	XLV	Reconciliatio . . . data	Reconcilitio . . . et data
	XLVI	contractis undique copiis	undique *fehlt.*
	XLIX	inierunt	inierint
629	LVIII	regi Baldewino	Balduino *fehlt.*
	LIX	Gobelino	Gibelone
		Fehlt.	Finiunt capitula.
	Zeile		
631	A 4	Antwerpiae, longo ambitu	Anwerpie; longo ambitu maris
		maris advecta	*fehlt.*
	A 5	moram sibi fieri illic constituentes	moram ibi facere constituentes

Seite	Zeile	Text der Ausgabe d. Recueil.	Text unseres Codex.
	B 4	viri et milites	viri ac milites
	B 5	immensi et spaciosi maris	et spaciosi *fehlt.*
632	A 2	ac domno	a domno
	A 4	Et ideo post	post *ist über der Zeile eingeschaltet.*
	B 1	accitis	ascitis
	B 3	Quibus die statuto	Quibus statuto die
	C 5	gentiles impetus	hostiles impetus
	D 4	eadem legatio	idem legatio
633	A 3	habitatorum	inhabitatorum
	B 2	plurimam pecuniam	pecuniam plurimam
	B 3	sed et singulis	sed et in singulis
	D 1	ascitis	accitis
	D 2	Suet	Sueth
	D 3	regioni conterminam	conterminam regione
	D 5	sociis ejus	ejus *fehlt.*
	F 5	angustas	angustias
634	A 1	subvenire volentes	subvenire *fehlt.*
	B 1	Nazaret	Nazareth
	B 3	catholice et honorifice	honorifice et catholice
	B 4	gravi tunc infirmitate	gravi infirmitate tunc
	C 1	occubuit	accubuit
	E 1	accitis	ascitis
	E 2	illius fratris	fratris illius
	E 3	quantam in illis rerum bellicarum	in *ist über der Zeile nachgetragen;* bellicarum rerum
	F 2	in terram nativitatis suae reversi sunt, Rege salutato	salutato rege in terram nativitatis suae reversi sunt
	F 4	virorum fortium	fortium virorum
635	D 3	mense Octobri	mense Octobre
	B 5	appropinquantis hostis	appropinquantes hosti
	C 3	et sagitta	et sagittis

Seite	Zeile	Text der Ausgabe d. Recueil.	Text unseres Codex.
	D 5	Arabitis vero interdum ex industria	Arabitis vero ex industria interdum
637	A 1	inimicorum innumerabiles adeo et intolerabiles .... Christianorum praesens .... possit	innumerabiles inimicorum et adeo intolerabiles .... praesens Christianorum .... posset
	B 1	Rege absente	absente rege
	B 2	dissidio	dissidio
	B 3	fugam inierunt	inierunt fugam
	C 1	insequuntur	insecuntur
	D 5	Hanc quippe	Hanc itaque
638	A 2	muros diruerunt praesidii	muros presidii diruerunt
	B 1	'suo triumpho	triumpho suo
	B 3	Christianorum naves	Christianorum vires vel naves
	B 5	navim	navem
	D 4	tam gravi	tam grandi
	E 1	quae cum vehementer	quo vehementer cum
639	A 4	in eodem loco ... hoc tempore	in loco eodem ... hoc in tempore
	C 1	Rorgius ... civitati Cayphas	Rorgus ... civitati; Cayphas fehlt.
640	C 5	a civibus intromissus est	a civibus fehlt.
	D 4	consummato	consumato
	F 3	et cives	et fehlt.
641	A 1	cives minime	minime cives
	A 5	Botheri et Brodoan	Brodoan et Botheri
	...	obsederat Femiam	Femiam obsederat
	B 2	patris eorum	patris sui
	C 1	tam Turcos quam Arabitas	Arabitas et Turcos
	C 2	'usque ad castra	usque in castra
	C 5	foedus inimus, fidem servamus	fidem servamus, fedus inimus
	E 4	et ditionem	et deditionem
	F 2	aperire promittentes	promittentes aperire

14

Seite	Zeile	Text der Ausgabe d. Recueil.	Text unseres Codex.
642	C 1	sive ad mortem sive ad vitam	sive ad vitam sive ad mortem
	E 2	Suet	Sueth
	E 3	Natali	natale
643	D 3	virtutem vero	virtutem quoque
	E 2	concussi formidine	formidine concussi
	E 5	dilapsi sunt	elapsi sunt
644	A 1	per dies	post dies
	B 4	quadragesimalem ritum	ritum quadragesimalem
	C 3	Regis negotiandi causa illic via	regis illic negotiandi causa via
	D 4	et satis refocillatus	ne satis refocilatus
	E 1	ab eo	ab illo
645	A 1	eis omnia	omnia eis
	B 1	tantus metus	metus tantus
	E 4	biduo transacto	transacto biduo
	F 1	in laetitia et jocunditate	in jocunditate et leticia
	. . .	cives et peregrini	peregrini et cives
	F 3	aliquam moram ibidem egit	ibidem aliquam moram fecit
	. . .	illic plurimum	plurimum illic
646	B 5	bello strennos	bello strennuos
	C 3	portas aperientes	aperientes portas
	C 5	Regis adesse praesentiam	regis presentiam adesse
	D 1	suis prosperante	suos prosperante
647	B 1	rerum excaecati hostilium	rerum hostilium excecati
	B 5	militibus Regis	regis militibus
	C 1	exstincti reperti sunt	reperti *fehlt.*
	D 3	cum pueris Regis	regis *fehlt.*
	D 5	qui illis	qui illic
	E 2	terra et regnum	regnum et terra
648	A 3	ad mutuandas	ad mutuandas
	A 4	cum posse capere	posse cum capere
	B 5	similiter pipere	similiter *fehlt.*
	C 4	dono et pro militari	et *fehlt.*

Seite	Zeile	Text der Ausgabe d. Recueil.	Text unseres Codex.
	E 1	abstineret	abstinerent
649	B 1	ut Baldewino subveniret	ut subveniret Balduino
	B 3	liberaret	liberare
	B 4	ascitis	accitis
	C 1	in Baldewini liberatione	in liberatione Balduini
	C 2	castra movit	castra amovit
	D 4	donis magnificis	magnificis donis
650	A 4	Dyrhachium	Dyrachium
	C 4	constituit	instituit
	C 5	crebro jactu	crebro ictu
651	A 1	Dyrhachio	Dirachio
	B 4	lancea et sagitta	sagitta et lancea
	C 2	adeptus erat	adeptus est
	E 5	habundantia	abundantia
652	A 1	occasiones . . . ciborum	opiniones . . . cybariorum
	A 4	ad auxilium	ad axilium
	B 3	navem . . . . deceptis omnibus	navim . . . omnibus deceptis
	B 5	fraudulentia	fraudulenta
	C 4	transeuntibus	transeundi: di *ist auf dem Rand angehängt worden.*
	. . .	sine impedimento ullo	sine ullo impedimento
	D 5	et Genuensium . . . . et omnium	Genuensiam . . . . omniumque
	E 3	applicatis	applicitis
	E 4	erectis	electis
653	A 2	. . quaedam, locuples	quedam nobilis et locuples
	B 1	Normanuorum	Normannorum
	B 5	accelerans	acceleratis
	C 2	plurimumque	et plurimum
	C 5	occiderunt . . . tenellis	extinxerunt . . . teneris
	D 4	quandam turrim	turrim quandam
	E 1	jactus lapidum	lapidum jactus
654	C 4	iter eorum impeditum est	impeditum iter eorum est

14 *

Seite	Zeile	Text der Ausgabe d. Recueil.	Text unseres Codex.
	D 2	forti et armatura	forte et intolerabili et armatura
	F 4	ex eis occidit	occidit ex eis
655	A 3	Cuvin	Cuivn
	B 1	in victoria campum obtinente	campum in victoria obtinente
	B 3	a Damasco auxilio	auxilio fehlt.
	C 1	igne immisso	immisso igne
	D 3	de salute et vita	de vita et salute
656	B 2	tantam se posse	tantam posse se
	B 5	offerretur .... in ira vehementer	offertur .... vehementer in ira
	D 2	urbis Sagittae	civitatis Sagitte
	D 4	hinc et illinc	hinc et hinc
	E 1	a munitione viros	viros a munitione
657	A 2	medio inimicorum	medium inimicorum
	. . .	montium loca	loca montium
	A 5	incessanter intorquentes	incessantes torquentes
	B 4	nimium in illos	in illos nimium
	C 1	jam circa latus suum	circa latus suum jam
	C 2	plurimo sanguine	sanguine plurimo
	D 1	astrictus et	et fehlt.
	D 3	dolore vehementi	vehementi dolore
	D 4	ad omnia semper adversa	ad omnia adversa semper
	E 1	dissimulato	simulato
	E 2	post aliquot dies	post dies aliquot
	F 2	aurum vel	aurum et
	. . .	pro redemptione et salute	pro salute et redemptione
658	A 3	omnesque primores	et cunctos primores
	. . .	in vinculis teneretis	in vinculis vestris teneretis
	D 4	adversum se iniqua	iniqua adversum se
659	B 1	absque ulla spe patriarchatus honore	absque spe ulla honore patriarchatus
		Fehlt.	Explicit liber decimus.

Seite	Cap.	Text der Ausgabe d. Recueil.	Text unseres Codex.
661		Index capitum libri undecimi.	Incipiunt capitula undecimi.
	XVI	ad regem Baldewinum	ad Balduinum regem
	XVII	se dediderunt	se dedunt
	XXI	Legatio regis Baldewini ad Tancredum et collatio utrimque habita	Legatio Baldnini regis post Tancradum et collatio utrorumque habita
	XXIV	Rex et Tancredus	et *ist über der Zeile nachgetragen.*
	. . .	Eufratem	Eufraten
	XXVI	Nortwegae	Norwege
	XXXI	redeuntibus	reversis
662	XXXV	descenderit	venerit
	XXXVI	Babylonii regis	Babylonis regis
	XXXIX	Brodoan, Halapiae principis, obsidem datum, nequiter	principis Alapie Brodoan nequiter obsidem datum
	XLI	sexdecim milia	XVI; milia *fehlt.*
	XLVI	urbe erumpentibus	urbem irrumpentibus
	XLVIII	comitis	ducis
		Fehlt.	xpliciunt capitula. *Diese Worte sind gemalt; das e, mit dem das erste Wort hätte beginnen sollen, hat der Maler vergessen.*
	Zeile		
	C 1	vinci non poterat	insuperabile erat
663	C 3	oppressi sunt	sunt oppressi
	D 1	de Willelmi exercitu	de exercitu Wilhelmi
664	A 1	ac sic	sic *fehlt.*
	B 3	eundi in Jherusalem	Jherusalem cundi; in *fehlt.*
	B 4	octoginta galidis vero	LXXX vero galidis
	B 5	Imperatoris, navigio	imperatoris Grecorum, navigio
	C 2	filius Reimundi comitis	filius comitis Reimundi

Seite	Zeile	Text der Ausgabe d. Recueil.	Text unseres Codex.
	D 2	cum suis pacifice	pacifice cum suis
	D 5	plurimis donis auri, argenti	donis plurimis auri et argenti
665	A 3	rogantes	rogantes *stand doppelt im Codex, ist an zweiter Stelle gestrichen.*
	A 4	hunc intelligens in virtute magna	in virtute magna hunc intelligens
	A 5	ad eundem portum	ad eaudem portum
	B 2	de qua causa advenisset requisivit	requisivit de qua causa advenisset
	C 3	super his nil sibi velle	sibi nichil super his velle
666	A 5	et nunc	et nunc; nunc *ist jedoch einem gestrichenen* tunc *überschrieben.*
	C 5	ut suus miles	ut miles suus
	D 2	armis et viribus suis	armis suis et viribus
667	A 1	Cujus legatos	Hujus legatos
	A 2	Willelmo in haec verba	Willelmo legationem in hec verba
	A 4	scitote quaesisse auxilium	auxilium scitote quesisse
	A 5	quod sic	sic *ist über der Zeile eingeschaltet.*
	B 3	consilio habito	concilio habito
	C 3	inviolabilem	involabilem
	E 2	Cortensi	Cortonai
668	A 3	quae injuste	quo juste
	A 5	Archas	Arcas
	C 2	se praecipue credebant, ne Pisanis	precipue se credebant, ne a Pysanis
	D 2	intrantes	intrantes *steht zweimal, ist an zweiter Stelle gestrichen.*
669	B 1	quos didicistis	quas didicistis
	B 2	una hora esso	una esse hora

Seite	Zeile	Text der Ausgabe d. Recueil.	Text unseres Codes.
	C 5	et hujus	ac hujus
	F 4	expugnata	subjugata
	. . .	in anno sequenti consilio Ber- tranni . . . . convocatis	consilio Bertranni . . . . in anno sequenti convocatis
670	A 3	machinis ac	machinis c͞t
	A 5	ac sata	et sata
	B 5	Corrozann	Corruzana
	C 1	depopulati sint	depopulati sint: *ursprünglich stand sunt; durch Radieren ist u in i verwandelt.*
	D 1	civibus periclitetur	civibus et pereclitetur
	F 2	et quoniam	et *fehlt.*
671	A 1	amiiniraldus et	et *ist doppelt gesetzt.*
	A 5	portis apertis	portis *ist über der Zeile nach- getragen.*
	C 5	legatis illius	illius *fehlt.*
	D 2	et victoria	ac victoria
	D 5	eonfratres nostri	nostri *fehlt.*
672	A 1	et adhuc	et achuc
	A 3	apprime	ad primo
	B 4	conchristiani	christiani
	E 2	quadraginta milibus equitum	XL equitum milibus
	F 1	Antiochiae legationem	legationem Antiochie
673	A 2	consilio majorum, in praesentia Christianornm so velle	in presentia Christianorum *ist unter der Zeile eingeschaltet.*
	D 1	justam habens molestiam	habens *ist über der Zeile nach- getragen.*
	D 3	subjecit	subiciet
	D 4	cognatione nostra	nostra *fehlt.*
	E 1	in terra	in terra *steht zweimal.*
	G 3	parati erimus	parati sumus

Seite	Zeile	Text der Ausgabe d. Recueil.	Text unseres Codex.
	G 4	juste se arguentem	se juste arguentem
	G 5	hujus dicta	dicta hujus
674	A 2	confratrem	confratrum
	B 3	dissidia et odia	odia et discidia
	B 5	et noctis	ac noctis
	. . .	ad Eufraten	ad flumen Eufraten
	C 1	copiis et viribus	viribus et copiis
	D 3	aut ullo auxilio	aut aliquo auxilio
	D 5	nec fluminis transitu . . . valens	nec transitu fluminis . . . valentem
675	A 4	in virtute multitudinis suae	in multitudinis sue virtute
	C 2	Nortwega	Norwega
	D 2	aliquod certamen	aliquot certamen
676	A 2	Christianos	Christianorum
677	C 2	Nortwega	Norwega
	F 3	et fide	ac fide
678	A 5	terra et mari, nunquam	mari et terra, numquam
	B 2	ascitis	accitis
	B 3	constituentes	instituentes
	B 4	per singulos dies	per singulos dies
	C 1	nulli introitum	nullum introitum
679	A 4	comportarent in hanc	in hanc comportarent
680	A 5	solempniter	sollempniter
	C 3	suorumque	et suorum
	C 4	et belligeros	ac belligeros
	D 2	moenia et turres apprehendentes	et turres fehlt.
681	A 5	civitati immiserunt	urbi immiserunt
	C 2	ducentorum milium equitum	milium fehlt.
	C 5	deficientes	deficiente
	D 5	Corrozana	Corrozan
682	A 1	Alapiam	Halapiam
	A 4	eis promisit	promisit eis

Seite	Zeile	Text der Ausgabe d. Recueil.	Text unseres Codex.
	B 2	filiosque filiasque	filiosque et filias
	B 3	intra moenia	infra menia
	C 3	diei unius	unius diei
	D 3	scilicet de praedio Humniae	scilicet Humniae de predio
	E 5	Engelrandus	Engelgerus
683	E 5	Coegerant	cogerant
	F 2	praecipue pabuli equorum	precipue equorum pabuli
684	A 4	immoderata grandine	immoderato grandine
	C 2	nocere potuerunt	nocere potuerint
	C 4	autumni	autumpni
	D 2	vires suorum	vires suas
	. . .	Octobri	Octobre
	E 2	Alapiae	Halapie
685	A 1	applicatis	applicitis
	A 4	collaterales	conlaterares
	D 4	qui hac parte undique abundantius	undique fehlt; habundantius
	E 1	regiones ab exercitu Tancredi graviter vastari	regiones graviter ab exercitu Tancradi vastari
686	A 5	Turci et Sarraceni	Turci ac Sarraceni
	C 4	iu cujusdam noctis silentio	cujusdam noctis in silentio
	D 1	viros vero aufugisse	vero fehlt.
	D 4	vita discessit	vita decessit
	D 5	Nicolai	Nykolay
	E 1	hostili impetu resistentes	resistentes hostili inpetu
		Fehlt.	Explicit liber XI.

	Cap.		
687		Index capitum libri duodecimi.	Incipiunt capitula XII.
	I	consilium inierit	consilium cum suis inierit
	V	Tyrii	Tiri

Seite	Cap.	Text der Ausgabe d. Recueil.	Text unseres Codex.
	X	Peregrinis christianis	peregrinis Christianorum
	XIII	Quomodo conjux	Qualiter conjunx
	XV	Stamirram subverterunt	Stamyrram subverterint
	XVI	De septem milibus Christiano-rum . . . . perierunt	*Zwischen* De *und* Christianorum *eine Rasur;* . . . perierint
	XVII	Baldewini regis	regis B.
	XX	redeunte Hierosolymam . . . . exsuperati	Jherosolimam redeunte . . . . exsuperati; ex *ist über der Zeile nachgetragen.*
	XXIV	quod ipse	quod ipsa
	XXV	Rex vero postquam convaluit	Rex B. postquam valuit; vero *fehlt.*
688	XXIX	condierunt	condierint
	XXX	in regem sit electus	ab omnibus in regem sit electus
	XXXI	insequuntur	insecuntur
	XXXII	Rex Baldewinus secundus *Fehlt.*	Rex secundus Balduinus Finiunt capitula.
689		Incipit liber duodecimus.	Incipit liber . . decimus. *Vor* decimus *findet sich eine Rasur; ursprünglich stand* undecimus.
	Zeile		
	A 5	et omnino	omnino *fehlt.*
	B 5	principe Turcorum Damasceno-rum	Turcorum *fehlt.*
690	B 3	afferens . . . et retinere	asserens . . . ac retinere
	E 3	in apparatu et virtute	in virtute et apparatu
691	A 1	se suumque	se suum
	E 2	fortiter obsidentes	et fortiter obsistentes
	E 5	ducentos Christianos	christianos *fehlt.*
	F 2	capitali sententia	sententia capitali
	F 3	catenarum vinculis	vinculis catenarum
	F 4	Deinde	Dein

Seite	Zeile	Text der Ausgabe d. Recueil.	Text unseres Codex.
692	A 1	non nocere	non ist am Rand nachgetragen.
	A 3	praeclari militis . . . primi in domo	preclari milites . . . primi de domo
	B 2	Regis milites	milites regis
	C 3	machinas atterere	machinis atterere
	E 5	Ad hoc	Ad hec
	F 2	eis subveniret	eis ist über der Zeile nachgetragen.
	G 3	pabula equorum	papula equorum
693	A 1	itaque comperto	denique comperto
	A 5	Palmarum die	die palmarum
	C 1	propter regis Graecorum legatos	propter legatos regis Grecorum
	C 5	Arabiae	Arabye
	D 4	Biduinos	Bidumos
	E 3	in custodiam	in custodia
	E 5	vehemente infirmitate	vehementi infirmitate
	F 1	Domini nostri	nostri fehlt.
694	A 3	praepotentibus	prepotentatibus
	A 4	triginta milia	XXX milia virorum; virorum ist unterpunktiert.
	B 2	expugnandos	expellendos
	C 5	in paratu	in apparatu
	D 3	pervenire	venire
	E 5	milites Tabariae	Mit milites Taba schliesst Blatt 154 des Codex. Blatt 155 fehlt, wie oben erwähnt, und ist, wie es scheint, herausgeschnitten. Es enthielt den Text von riae bis tenuerunt propter, Schluss des cap. IX bis Schluss des cap. XIII,

Seite	Zeile	Text der Ausgabe d. Recueil.	Text unseres Codex.
			Recueil pag. 694 E 5—697 C 3. *Mit* ventum *beginnt Blatt 156.*
697	D 4	coadunati	coadunate
	E 4	ostro et auro	ostro et argento
	F 1	in honorem	in honore
	F 3	Cum hac itaque	itaque *ist über der Zeile nachgetragen.*
	F 4	connubio	conubio
	F 5	plurimi ab ea militibus divisi sunt, plurimi in aerarium Regis translati	plurimi in erarium regis translati; *das Übrige fehlt.*
	G 3	Antiochiam	in Antiochiam; in *ist unterpunktiert.*
698	A 4	quibusque	quibusdam
	B 2	a Galilaea	cur Galilea *eine Rasur.*
	E 2	constituentes	continuantes
	E 3	instante festo beati Martini	in festo sancto Martini
	F 1	a nautis non est auditus	non est auditus a nautis
699	A 3	cum universa suppellectili	cum universo suppellectili
	B 2	sunt ejecta	sunt ejecte
	B 4	exercitus regis Babyloniae	regis *fehlt.*
	C 1	alii . . . facientes	aliis . . . facientibus
	D 2	Ptolomaida	Ptolomaydam
	F 2	Christianis vulneratis . . . incolumes	vulneratis Christianis . . . incolomes
700	B 4	pretio innumerabili	innumerabili precio
	C 5	Duodechinus	Dochinus
	D 3	strenuitatem	strennuitatem
	D 4	dolosa machinatione	dolose machinatione
	E 1	Azoparth	Azopart

Seite	Zeile	Text der Ausgabe d. Recueil.	Text unseres Codex.
	E 3	die solempnii sui	die sollempui; sui *fehlt.*
	. . .	in caeremoniis	in cerimoniis
	E 5	caeremoniis	cerimoniis
	G 3	pertulit	extitit
701	A 1	Corrozaun	Corrozan
	A 5	Rossa et Roida et Femiao	Rossa, Roida et Phemie
	B 1	Femiae	Phemie
	C 3	cum quingentis militibus	cum D equitibus
	C 5	iter acceleravit	iter *ist über der Zeile nachgetragen.*
	D 5	audita Regis praesentia	regis audita presentia
	. . .	Malatinam civitatem	civitatem Malatinam
702	B 1	Erant enim	Erant autem
	D 4	ut propinqui illorum	ut *fehlt.*
	D 5	et de nece propinqui ultionem exsequentes	et de nece propinqui ultionem exequantes *steht am unteren Rand.*
	E 1	suspectus et sollicitus	sollicitus et suspectus
	E 4	christianis Fidelibus	fidelibus christianis
	E 5	peditibus assumptis	assumptis peditibus
	G 3	prout	ut
703	A 5	monte Sina	monte Syna
	B 4	intra quatuor	infra quatuor
	C 1	vires erant exiguae . . . usque huc	erant *fehlt* . . usque hunc
	C 3	adventus ejus	adventus illius
	D 2	qua noverant	qua noverat
	F 2	pauperibus partim jussit	pauperibus jussit partim
704	C 4	regionem suam remensi sunt	suam *und* sunt *fehlen.*
	D 5	removeret	amoveret
	E 2	connubiis	conubiis
705	A 1	Post aliquantulum	Post aliquantum

— 118 —

Seite	Zeile	Text der Ausgabe d. Recueil.	Text unseres Codex.
	B 1	veris temperie	veris tempore
	C 2	fluvius Nilus	fluvius Nili
	D 5	repererunt	reppererunt
	E 2	quod illic	quod ibi
	F 1	undecim	IX.
706	B 1	faciamus	faciemus
	C 4	exercitus sui	sui exercitus
	E 4	et infirmare	et iufirmari
	E 5	virtus est unius hominis	virtus est unius est hominis
	F 2	viri robustissimi	viri fortissimi
707	A 3	ammonuit summa prece	summa prece ammonuit
	D 1	exsequias	exequias *steht zweimal.*
	E 4	fidem michi	michi fidem: in *ist über der Zeile nachgetragen.*
	. . .	Et disposito hoc	et hoc disposito
	F 3	et coronari	aut coronari
	F 4	posset coronari	posset constitui
708	A 1	Dei athleta	Dei athęleta
	D 2	per dies continuos	per dies continuas
	D 3	habentes et peditum	et peditum habentes
	E 4	Patriarcha Arnulfus	Arnulfus *fehlt.*
	F 1	convenerunt	convenerant
	F 2	diei sanctae	liei sancti
	G 4	decretum est	est *fehlt.*
709	A 1	Nec mora	ec mora. *Das dem Maler vorbehaltene N ist nicht ausgeführt worden.*
	A 2	commendatus est	est commendatus
	B 1	exaltatus est	sublimatus est
	C 3	non esse utile	non utile esse
	D 3	strenue	strenue

Seite	Zeile	Text der Ausgabe d. Recueil.	Text unseres Codex.
	E 3	Baldewinum, et ipse assensum benigne attribuit et eundem Baldewinum, quantulumcunque renitentem, et divitias Rohas sibi sufficere protestantem, in Regem	Balduvinum quantulumcunque renitentem et divitias Roas sibi sufficere protestantem ipse assensum benigne attribuens in regem
	F 2	coronatus	honoratus
	. . .	his sacris diebus	his diebus sacris
	F 5	Solomonis	Salemonis
	G 1	Neapolin	Neapolim
	G 3	de regno Jherusalem	de regno et Jherusalem
710	A 4	populo in	in ist zweimal gesetzt.
	B 5	super triginta	supra XXX
	C 1	et caprarum	et fehlt.
	C 4	pro pacto	pro pactu
	. . .	ab eis ipse dominus terrae erat accepturus	ipse dominus terre ab eis accepturus; erat fehlt.
	C 5	milibus pecorum	pecorum fehlt.
	D 2	et omni plenitudine	et omni pinguedine
	E 3	obtinuit	optinuit
711	C 2	graviter cum eis	graviter cum suis
	C 4	ad diem hanc	ad hanc diem
	D 2	alius quinque	alius vero quinque
	E 1	in magno periculo positis	in magno positis periculo
	E 5	perempti fuisse	occisi fuisse
	F 4	Aestimo igitur	igitur fehlt.
	G 2	viris fortissimis	fortissimis viris
	G 3	commorantem Ptolomaidae	Ptolomayde commorantem
712	A 1	principum	procerum
	B 1	universis incolis	nach incolis stand noch ein zweites universis, das radiert ist.

Seite	Zeile	Text der Ausgabe d. Recueil.	Text unseres Codex.
	C 3	et fidei illorum	et illorum fidei
	D 2	abhinc proficisci	abhinc *fehlt.*
	. . .	Accepta quidem	quidem *fehlt.*
	D 4	missarum plurimas	plurimas missarum
	F 4	Ascalona	Ascalone
713	B 3	immissi sunt	immissi sunt